디지털 트렌드 2022

디지털 트렌드 2022

권병일·권준환 지음

책들의정원

이제는
디지털 혁신의 시대다

이제 경쟁은 포스트 팬데믹 시대의 디지털 사회 구축으로 옮겨가고 있다. 지난해는 디지털 기술 중심의 관점이 지배적이었다면, 올해는 디지털 활용 중심으로 양상이 바뀌면서 사회 전반으로 디지털화가 확산되고 있다. 또한 기업 중심의 디지털화는 산업 중심으로 전환되고 있다. 정부는 정책적 의지를 갖고 디지털 인프라 구축에 적극적으로 개입하는 추세다. 산업 부문에서는 디지털 마케팅이 일반적으로 쓰이고, 디지털 트윈의 사례도 늘고 있다. 빅데이터, 챗봇, RPA 등은 이미 성숙기에 진입하여 사회 저변으로 퍼지고 있다.

저자는 본서에서 지난해와 확연히 다른 디지털 추세를 제시하고자 한다. 기업 인적자원관리HRM 측면에서 리스킬링 · 업스킬링 · 디지털 리터러시, 비즈니스 모델 측면에서 블록체인 모델 · 메타버스, SNS와 콘텐츠 측면에서 콘텐츠 큐레이션, 디지털 마케팅 측면에서 그로스 해킹 · 초개인화 · SEO, AI 측면에서 설명 가능한 인공지능 · 인공 감성지능, 마지막으로 디지털 기술 측면에서는 NFT · CBDC · 디지털 치료제 · 슈퍼앱 등의 신개념 등장이 그것이다.

본서에서는 디지털화의 기업 사례 측면에서 '산업의 디지털 전환' '디지털 비즈니스 모델의 진화' '디지털 트랜스포메이션'을 기술했으며, 최근 특징으로 'SNS, 콘텐츠를 유통하다' '디지털 마케팅 시대' '디지털 트윈'을 꼽았고, 디지털 사회 측면에서 '데이터 기반 디지털 정부' '디지털 시대의 일자리 리스트럭처링'을 제시하며, 디지털 기술 변화 측면에서 '인공지능의 도약' '디지털 기술의 조명' 등을 다루었다.

본서를 저술하는 10개월 동안 참고한 디지털 자료는 지난해에 비해 4~5배가 늘었다. 이는 정부 · 기업 · 개인의 디지털에 대한 관심이 고조된 것을 피부로 느끼게 해준 장면이었다. 지난해 《디지털 트렌드 2021》 출판 후 다수의 기업과 기관을 대상으로 강의를 하였는데, 강의 참석자들의 질문이 상당히 구체적이며 실무적인 것에 놀랐다. 독자들은 더 깊은 수준의 트렌드 서적을 집필해줄 것을 요구하기도 했다. 사실 본서에 기술된 내용 중에는 독자들도 시간을 충분히 들이면 조사를 할 수 있는 내용이 있다. 그러나 디지털에 종사하는 사람들이 촌각을 다투는 시점에서 전반적인 디지털 트렌드를 신속하게 파악할 수 있도록 한 것이 본서의 장점이라 하겠다.

저자는 《디지털 트랜스포메이션》《디지털 트렌드 2021》을 거쳐 본서까지 3권의 도서를 집필하였다. 이는 저자가 지난 37년에 걸쳐 IT 분야 컨설팅에 종사하면서 얻은 지식 · 경험 · 인사이트의 집약체라고 할 수 있다. 최근 디지털에 관련된 분야별 전문 도서가 많이 출간되고 있으나, 디지털화의 전반에 대해 통찰력을 갖게 해주는 책은 본서가 유일하다고 하겠다. 따라서 읽기에 약간 어려운 부분이 있을 수 있다. 본서를 읽으면서 디지털 관련 기초 지식이 부족하다고 느낀다면 지난해 출간된 《디지털 트렌드 2021》을 참고하기 바란다. 본서는 기업 · 조직의 디지털 관련 전문 종사자뿐만 아니라, 현업 부서의 디지털 파워 유저를 위한 책이기도 하다. 따라서 기업 · 조직에서 본서로 교육을 하고, 참석자들이 워크숍을 수행한다면 바람직한 비즈니스 모델과 디지털화를 위한 추진과제를 도출할 수 있을 것이다. 또한 기업 · 조직의 전 직원이 본서를 읽게 된다면, 디지털 리터러시 향상뿐만 아니라 구성원이 디지털화에 대한 개념을 정립할 수 있는 것은 물론, 용어를 표준화하는 것도 가능하리라 본다.

본서를 읽는 독자들은 저자의 노력을 격려하는 의미로 본서의 오류와 보완할 사항을 지적해주고 따가운 질책을 보내주기를 간절히 바라는 바이며, 궁금한 점은 언제라도 문의하는 것을 환영한다.

본서를 완성하기까지는 여러 사람의 헌신적인 도움이 컸다. 특히 본서를 출판할 수 있게 기회를 주시고, 집필하는 데 아낌없이 성원해주신 책들의정원에 감사드린다.

2021년 9월

권병일

차례

2부 디지털 트렌드 2022 전망

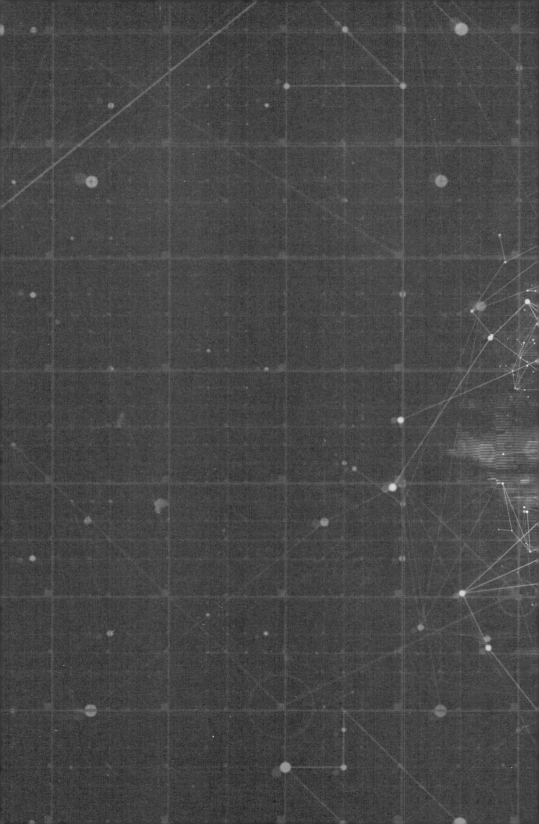

1부

디지털
트렌드
2021 리뷰

ISSUE 1: H.O.M.E
코로나 시대에도
비대면으로 살아간다

코로나19 이후에 회자되는 것이 바로 뉴노멀이다. 마스크를 착용하거나, 손을 비누로 30초씩 씻기, 생활 속 거리 두기를 하는 것 등이다. 시중에는 뉴노멀에 관련된 도서도 다수 등장했다. 이들이 보는 관점은 저마다 상이하다. 그러나 그들이 강조하는 공통점은 '우리가 알던 세상은 끝났다'라는 것이다. 전문가들은 향후의 전개 방향을 '코로나19 → 불경기recession → 대불경기great recession → 뉴노멀 → 포스트 코로나post COVID 19'와 같이 제시하고 있다. 요즘 뉴노멀의 대표적인 화두는 언택트다. 언택트는 바꿔 말하면 디지털 콘택트digital contact다. 이에 따라 원격교육, 재택근무, 원격진료, 인터넷쇼핑 등이 활성화되고 있다. 요즘 공유경제 모델인 에어비앤비, 우버의 인기가 시들해지고 있는 것도 코로나 감염의 위험성 때문이다. 따라서 공유경제를 대체하는 경험경제가 대두되고 있다. 또한 언택트를 위해 챗봇, OTT 등이 확산되리라 본다. 뉴노멀 시대에 떠오르는 키워드는 'H.O.M.E'이다. 이는 헬스케어healthcare, 온라인online, 무인화manless, 홈이코노미economy at home를 의미한다. 뉴노멀 시대 모든 산업과 비즈니스의 핵심은 디지털로 모이고 있는 것이다.

—《디지털 트렌드 2021》pp.60~61

코로나19 발생 이후 1년 이상의 시간이 흘렀다. 요즘 사람들은 어떤 식으로 일하고 살아갈까? 코로나로 인한 재택근무는 최근 백신 접종 등의 영향으로 많이 완화된 모습이다. 공무원은 대부분 출근을 하지만, 정부 산하 공공기관은 3분의 1 수준이 재택근무를 하는 등 자율적으로 근무가 이루어지고 있다. 민간기업은 아직도 부분적인 재택근무를 하고 있다. 미국도 아마존을 비롯한 애플, 구글, 마이크로소프트 등 대기업들이 신종 코로나바이러스 감염증코로나19 델타 변이의 확산으로 재택근무 기간을 연장하고 있다. 이렇게 일상이 되어버린 재택근무를 지원하는 업무 제도 및 정보시스템은 개선이 필요하다. 빅데이터에 기반한 전산 효율 및 정보 보안을 높이는 방법도 강구해야 한다.

초·중·고교나 대학은 원격 수업을 진행한다. 화상회의 프로그램 줌 Zoom 등을 이용한 비대면 원격 미팅은 이제 하나의 문화로 자리 잡았다. 최근에는 비대면 서비스에 대한 요구가 증대하고 있으며, 이는 행사, 이벤트, 체험 등의 활동을 로블록스나 제페토와 같은 메타버스에서 비대면으로 하는 결과를 가져왔다. 'H.O.M.E'에서 온라인은 비대면으로 옮겨가고 있고, 무인화는 무인점포가 늘고 키오스크와 같은 무인 서비스가 증가하고 있다. 그러나 헬스케어에서는 '디지털 치료제' 외에 다른 진전이 미미한 듯하다. 전반적으로 볼 때 사이버 공간의 혁명을 가져올 메타버스의 붐이 심상치 않다는 것은 분명하다.

ISSUE 2: 기술과 기업가치
SK에너지, 두산인프라코어…
디지털로 구조전환하는 이유

롯데칠성음료의 경우 '안성 스마트 팩토리'를 구축했다. 이는 생산부터 유통, 재고관리 등 전 과정에 디지털 기술을 활용한 공장이다. 두산인프라코어는 무인 건설현장 종합관제 솔루션인 '콘셉트 엑스 Concept-X'를 도입했다. 이는 드론을 통한 3D^{3차원} 스캐닝으로 작업장 지형을 측량하고, 측량한 지형 데이터를 자동으로 분석해 작업계획을 수립한 뒤 무인 굴착기와 휠로더 등으로 작업하는 기술이다. 아모레퍼시픽은 디지털 트랜스포메이션 사업의 일환으로 모바일 피부 진단 서비스인 '스킨 파인더'를 아모레퍼시픽몰에 도입했다. 이런 작업은 모두 디지털 트랜스포메이션의 일부로 디지털 기술과 디지털 혁신이 만나는 것이다. 여기서 분명히 할 것은 디지털 기술보 디지털 트랜스포메이션을 추진하는 기업은 지금쯤 어떠할까? 롯데칠성음료가 구축한 '안성 스마트 팩토리'는 성공적으로 운영되고 있으며, 다른 공장으로도 스마트 팩토리가 확대되고 있다. 두산인프라코어가 도입한 콘셉트 엑스는 2025년 시스템 상용화를 목표하고 계속 업그레이드를 진행하면서 효과적으로 운영되고 있다. 미래에는 드론과 AI만 현장에 남고 사람은 없는 무인화 현장이 늘 것이다. 화장품 업계에도 디지털 트랜스포메이션이 지속해서 이루어지고 있다. 피부 진단 서비스인 '스킨 파인더'는 현재도 효율적으로 운영되고 있으며, 더 나아가 고객의 피부톤을 찾아서 맞춤형 기초 화장품을 로봇이 만들어주는 '스킨톤 파우더' 및 '베이스 피커' 시스템도 등장했다.

위의 3가지 사례는 기업 전반의 가치사슬을 뒤바꾸는 혁신은 아니기에 기업가치 상승에는 크게 영향을 주지 않지만, 대외 홍보에 긍정적인 영향을 주고 있다. 올해 들어서는 SK에너지에서 본격적으로 스마트 플랜트를 가동하고 있다. 최근에는 해저 배관을 초음파 센서로 검사할 수 있는 장비도 도입했다. 아직 스마트 플랜트는 초기 단계 수준이지만 전체 수준^{full scale}으로 확대되면 원가 절감 및 생산 효율 측면에서 기업가치가 분명 오를 것이다. 이러한 스마트 팩토리와 스마트 플랜트의 궁극적인 목표는 바로 디지털 트윈이다.

ISSUE 3: 고용 변화
'좋은 일자리'는 더 이상 없다?

디지털 시대의 노동자 특징은 뉴칼라new collar다. 이는 디지털 시대에 새롭게 등장하는 직업 계층으로, 2016년 IBM 최고경영자 지니 로메티Ginni Rometty가 처음 사용했다. 생산직의 블루칼라blue collar나 사무직의 화이트칼라white collar가 아닌 새로운 직업 계층이다. 뉴칼라는 인공지능, 빅데이터, IoT, 로봇, 가상현실, 플랫폼 등과 관련된 직업이 포함된다. 이는 개인의 학력보다는 기술 수준이 중요하며, 직업훈련 등을 통해 기술을 익히게 된다. IBM은 뉴칼라 인재 양성을 위해 미국 뉴욕에 정보기술 분야를 중점적으로 교육하는 P-테크 학교를 설립하기도 했다. 뉴칼라는 전체 노동인구의 20%를 차지하며, 이들의 생산성 기여는 80%에 이를 전망이다. 작업장은 원격작업이 증가하는데, 이를 위해 시간과 공간을 초월한 작업이 수행되며, 클라우드 및 크라우드 워킹이 필요하다. 일 문화는 수직적hierarchy 업무방식에서 네트워크P2P, peer-to-peer 업무 형태로 바뀌게 된다. 또한 고용보다는 위임의 계약 형태가 주종을 이루고, 노동자는 기계에 대한 감독의 역할수행을 하며, 회사는 직원 감시를 위한 데이터 수집을 확대할 것이다. 노동시장은 마켓플레이스를 통해 인력을 조달하는 임시 근로자gig workers가 확대되며, 노동의 유동성이 증가하게 될 것이다. 미국을 중심으로 '긱경제gig economy'가 확산되면서 전통적 개념의 기업 봉급체계가 무너지고 근로자들에게 바로 현금을 지급하는 '인스턴트instant 급여' 방식이 확산되고 있다.

—《디지털 트렌드 2021》pp.78~79

디지털화는 이 시대의 메가트렌드다. 일자리에서도 이러한 특징이 반영될 것이다. 네이버 트렌드의 검색어 조회에 따르면 2019년 8월에서 2021년 8월 사이에 '데이터 분석가'라는 단어의 검색 빈도가 2배 증가했다고 한다. '인공지능'과 '파이썬Python'이라는 단어의 검색 빈도 역시 뚜렷하게 증가했다.

요즘은 N잡러 또는 프리에이전트 시대로 일컬어진다. 즉 직장이 있지만 플랫폼을 통해 부업을 하는 사람들이 늘고 있다는 것이다. 기업에서는 간단한 시스템 구축에 굳이 용역 계약을 하지 않는다. 부업 플랫폼을 통해 기존 프로그래머에게 의뢰하는 것이 신속하고, 저렴하며, 품질이 우수한 결과를 얻을 수 있기 때문이다. 최근에 유행하는 디지털 마케팅 분야의 검색엔진 최적화 등에는 프리에이전트 활용이 효과적이다.

올해 들어 5년 차 프로그래머가 연봉 1억 원을 받는 경우도 흔하다는 내용이 이슈가 되었다. 빅데이터 종사자는 직장을 옮길 때마다 임금이 30% 이상 상승하기도 한다. 이러한 현상은 수요와 공급의 균형이 깨졌다는 의미다. 최근 패스트푸드 매장은 키오스크 도입으로 매장 종업원이 줄고 있지만, 온라인 주문이 급증함에 따라 배달 직원은 부족한 형편이다. 특히 비대면 서비스 분야의 택배 종사자는 월 900만 원 정도를 번다고 한다. 이는 1억 원이 넘는 연봉 수준을 의미한다. 비대면 및 디지털 시대에는 일자리 수요 변화와 임금 수준의 차이가 요동을 친다. 앞으로 종업원의 수는 줄어들고, 배달원 및 IT 기술직에 대한 수요는 점점 급증할 것이다.

ISSUE 4: 가상화폐
다시 부는 비트코인 바람,
부활인가 버블인가

블록체인이 가져올 변화의 본질은 거래 승인 권한과 정보의 민주화 democratization로 요약할 수 있다. 이는 강력한 제3의 공인기관이나 중개자의 개입 없이 투명하고 안전한 직접거래를 가능하게 한다는 말이다. 안전한 시스템에 의한 자율적 권한 위임이 가능하므로 거의 실시간 승인이 가능해지고 정보는 네트워크 참여자들 모두에게 공개·보관·관리되므로 시스템의 신속성·안전성·투명성·경제성 등 사용자들의 편익을 제고시키는 효과를 가져다준다. 실제로 스페인의 산탄데르은행, 스위스의 UBS 등 7개 국제은행은 위에서 언급한 바 있는 리플을 적용하여 블록체인 기술을 토대로 국가 간 금융거래 결제에 나서기로 합의했다. 이러한 효과가 비트코인 활성화에 따라 입증되자 블록체인은 현재 미래 금융산업 분야에서 가장 활발하게 적용할 움직임을 보여준다. 우선 당장 국제송금의 경우 평균 수수료를 10분의 1 수준으로 절감하면서 실시간에 가까운 서비스가 세계 어느 곳에서나 가능할 것으로 기대하고 있다. 소액결제의 경제성이 블록체인 기반의 가상화폐로 확보된다면 소비자들의 온라인 콘텐츠 소비 행태에도 큰 변화가 일어날 수 있을 것이며, 스팸 메일의 효과적 억제 수단으로 활용될 수도 있을 것이다.

—《디지털 트렌드 2021》pp.126~127

지난 한 해 동안 코인 시장은 천당과 지옥을 오락가락하고 있다. 테슬라가 비트코인을 결제수단으로 도입한다는 소식에 비트코인 가격은 최고치를 경신했다. 하지만 테슬라가 이를 보류하고, 중국의 가상화폐 규제로 비트코인은 폭락하고 만다. 비트코인은 공급이 늘지 않기 때문에 투기에 따라서 수요가 급등락한다.

일론 머스크^{Elon Musk}는 비트코인, 이더리움, 도지코인 등에 투자했다고 발표해 가상화폐 시장의 불씨를 살리려고 했다. 또한 최근에는 우주 개발 기업 스페이스X^{SpaceX}가 비트코인에 투자했다고 발표하면서 비트코인 가격이 급등했다. 그러나 코인 시장의 회생은 쉽지 않을 전망이다. 자금 세탁, 환경오염 등을 이유로 비트코인에 부정적인 의견이 나오고 있기 때문이다. 또한 각국 중앙은행이 발행한 디지털화폐인 CBDC^{central bank digital currency} 사용을 추진하고 있고, 중국의 자국 CBDC 기축통화 전략으로 비트코인은 점점 막다른 골목에 다다르고 있다. 가상화폐 시장은 CBDC의 가시화에 따라 점차 어두운 측면이 부각될 것이다.

ISSUE 5: 플랫폼
금융에서 시작해 보험, 증권, 부동산까지 진출하는 카카오

국내의 대표적인 플랫폼은 '배달의민족'이다. 배달의민족은 배달 주문 서비스 플랫폼이다. 이는 식당이 손님을 위한 식탁 없이 주방만 운영하면서도 영업을 할 수 있는 장점이 있다. 주문과 배달 업무는 플랫폼에서 대행하는 것이다. 가맹점은 매월 입찰을 통해서 메뉴 검색 시 우선적인 혜택을 받는다. 고객은 인근 식당에서 다양한 메뉴를 검색할 수 있다. '배민 라이더'는 플랫폼을 통해 배달 업무를 배정받는다. 배달의민족이 플랫폼의 기능을 수행하는 것은 가맹점, 고객, 배민 라이더가 생태계를 이룰 수 있다는 점이다. 또 다른 대표적 플랫폼으로 네이버와 카카오를 고를 수 있다. 이들은 초기에 단순한 비즈니스 모델로 출발했으나, 점점 진화를 거듭하면서 명실상부한 플랫폼으로 등장했다. 네이버는 초기에 뉴스, 메일, 카페, 블로그, 지식iN 등으로 사용자를 확보하였다. 현재는 쇼핑, Pay, TV, 지도, 부동산, 웹툰 등 다양한 채널을 가동하며 플랫폼으로 역할을 수행한다. 카카오는 초기에 메신저 '카카오톡'으로 출발하였으나 현재는 카카오스토리, 카카오뱅크, 카카오택시 등 다양한 서비스 플랫폼을 이루고 있다. 이 밖에도 대표적인 플랫폼으로는 전자책 분야의 '밀리의 서재', 음원 스트리밍 서비스 분야의 '멜론', 숙박 분야의 '호텔스닷컴' 등이 있다.

—《디지털 트렌드 2021》pp.139~140

앞으로는 플랫폼 시대다. 그렇다면 국내 플랫폼들은 그 역할을 충실히 하고 있을까?

플랫폼을 이용하여 식당을 하는 지인은 플랫폼 상단에 자신의 메뉴를 노출하기 위해 지역의 동별로 40만 원씩, 3개 동에 120만 원을 지출한다고 한다. 음식 배달료는 5,000원이다. 배달료를 아끼기 위해서 직접 배달을 한다. 메뉴도 배달비를 고려해서 1만 4,000원 이상으로 해야 한다. 결국 플랫폼 광고비 및 배달료 등의 문제와 20~30% 정도 되는 수수료를 감당하기가 힘들어 2년이 못 돼서 가게를 접기로 했다. 이처럼 플랫폼은 새롭게 등장한 착취 계급이다. 여기에 대응하기 위해서 지자체에서 음식 배달 플랫폼을 만들었지만 운영이 신통하지 않다.

국내의 대표적인 플랫폼 네이버와 카카오는 종국적으로 금융 분야를 목표로 한다. 네이버는 전북은행과 손잡고 디지털 금융 서비스 고도화, 금융 혁신을 위한 기술 협력, 디지털 금융 환경에 맞는 금융상품 기획, 마케팅 제휴 등을 협업하기로 했다. 카카오는 은행 · 보험 · 페이 · 증권 등 금융 전반의 서비스 포트폴리오를 구축하고 있다. 네이버는 타 기업과의 제휴에 집중하는 반면, 카카오는 생활 밀착형으로 이용자를 모으는 데 성공해 자회사를 만들고 상장을 통해 자금을 확보하고 있다. 한편, 최근 변호사 중계 플랫폼인 로톡은 변호사 협회로부터 제지를 받으며 사회의 이목을 끌고 있다.

ISSUE 6: 빅데이터
데이터 경제 3법 실행 후 1년,
아직 빅데이터는 준비되지 않았다

그동안 국내 산업계에서는 빅데이터를 활용하는 데 걸림돌이 있었다. 우선 카드사 또는 이동통신사로부터 데이터를 구입하는 비용이 너무 비싼 것이 있다. 또한 가명정보와 익명정보를 활용할 수 없었다. 2020년 8월부터 '데이터 경제 3법'이라 불리는 개인정보 보호법·정보통신망법·신용정보법 개정안이 시행되었다. 이는 빅데이터를 위해 가명정보와 익명정보를 기업이 사용할 수 있는 근거가 마련된 것이다. 특히 신용정보법이 개정되면서 맞춤형 금융상품 개발은 물론 하반기 개화하는 마이데이터 산업 제도 기반을 마련하게 됐다. 마이데이터를 쉽게 설명하면 소비자가 자신의 신용정보나 금융상품을 자유자재로 관리할 수 있는 이른바 '포켓 금융pocket finance' 생태계 도래를 뜻한다. 조직의 내부 데이터뿐만 아니라 이동 통신회사 및 카드회사와 같은 외부 데이터를 활용하여 의미 있는 결과를 분석하는 것을 빅데이터라고 한다. 이는 내·외부 데이터를 수집하고, 분류하며, 분석을 통해 시각화함으로써 조직을 위한 새로운 통찰력을 제시한다.

—《디지털 트렌드 2021》pp.148~149

정부가 데이터 경제 3법을 정비한 지 벌써 1년이 넘었다. 또한 정부는 마이데이터, 디지털 뉴딜, 데이터 기반 행정 등 데이터 기반의 디지털 거버넌스governance를 펼치고 있다. 그러나 아직 이로 인해 빅데이터가 활성화된 것 같지는 않다. 그 이유는 관련 법 정비의 결과가 부분적으로만 활용되고 있기 때문이다. 또한 빅데이터는 데이터, 인프라, 전문 인력의 삼박자가 맞아야 한다. 따라서 인프라와 전문 인력 측면의 추가 보완이 필요하다.

한국지능정보사회진흥원NIA에서 추진하는 '빅데이터 플랫폼 및 센터 사업'은 바로 이러한 문제를 해결하게 될 것이다. 이는 금융·통신·유통·중소기업 등 16개 분야에서 빅데이터 플랫폼을 제공하고, 관련 분야의 데이터까지 제공한다. 종국적으로는 빅데이터 전문 인력의 육성이 필요하다. 이렇게 데이터, 인프라, 전문 인력의 삼박자가 갖춰진다면 빅데이터 활용 수준이 획기적으로 높아질 것이다.

　카카오뱅크에서는 대출 심사 기준에 '통신요금 납부 실적'을 반영하고 있다. 이는 통신요금을 정상적으로 납부한 기간이 긴 고객일수록 대출금을 잘 갚기 때문이다. 하지만 아직도 현장에서는 데이터 구하기가 하늘의 별 따기만큼 힘들다. 따라서 저자는 공공분야, 통신 및 금융 데이터, SNS 등의 데이터를 총괄 확보하고 이를 기업 등에 제공하는 '데이터 지원 공사^{가칭}' 의 설립이 바람직하다고 본다.

ISSUE 7: 차세대 통신
완전 무인화 및 자동화를 이룰
미래의 6G 기술에 주목하라

그렇다면 5G 시대 이후는 무엇이 등장할까? 그것은 당연히 6G 및 7G의 시대가 펼쳐질 것이다. 6G는 2030년부터 2040년까지 활용될 것이다. 이는 '사람-사물-공간-데이터-프로세스'가 지능적으로 연결되는 AIoE^{artificial intelligent of everything} 즉, 모든 사물에 인공지능이 내재화되고 인공지능 간 정보를 교환하고 대화를 나누는 IoT와 IoE^{internet of everything}를 넘어선 환경을 실현한다. AIoE는 지능형 만물 인터넷 생태계를 의미한다. 또한 가상현실과 증강현실의 연계와 융합이 심화되므로 6G 기반 초공간 산업 생태계를 이루게 된다. 7G는 2040년 이후에 활용이 될 것이다. 7G는 사람이 존재하는 공간 자체가 네트워크화되는 환경으로 전환된다. 이는 CPS^{cyber-physcial}

system와 신체망body network이 연계되는 초지능 만물 인터넷 생태계가 정착되며, 트릴리온 센서 우주trillion sensor universe 시대가 등장하고, 지구 차원에서 모든 산업과 인프라의 CPS 생태계가 정착된다. 이는 7G 기반의 지능 산업 생태계를 이루는 것이다.

—《디지털 트렌드 2021》pp.182~183

'5G 개통이 1년이 되어가지만 5G는 단 한 번도 터진 적이 없었습니다'라고 5G 사용자들이 뿔이 나서 이동통신사에 집단 소송을 진행 중이다. 선진국은 5G를 위해 28GHz 주파수 대역을 사용하지만, 국내는 3.5GHz를 사용하기에 속도의 한계가 나타난다. 자율주행 자동차, 클라우드 게임, VR 교육 훈련, 원격의료, 스마트 팩토리 등은 빠른 속도와 많은 데이터 통신량, 초연결 등의 5G 기능을 요구한다.

이제 5G를 넘어서 2028년에 상용화될 6G에 초점을 맞춰야 한다. 6G는 5G 통신에 비해 50배 빠른 전송속도, 10배 빠른 반응속도, 10배 많은 기기의 연결이 가능하다. 6G는 초성능, 초대역, 초정밀, 초신뢰, 초지능, 초공간을 가능하게 하며 이를 통해 완전 자율 자동차, 초현실 가상 서비스, 공중 및 해상 자율 비행, 초실감 원격진료, 무인 완전 자동화 시스템, 안전한 6G 융합 서비스 등을 이루어낼 것이다.

2021년 5월 한국과 미국은 기후, 글로벌 보건, 5G 및 6G 기술과 반도체를 포함한 신흥 기술, 공급망 회복력, 이주 및 개발, 인적 교류에 있어서 새로운 유대를 형성할 것을 약속하였다.

현재 국내는 5G 서비스도 원만하지 않은데, 왜 6G에 '올인'하는 걸까? 이는 한국은 미국과 함께, 또 미국은 반드시 6G 통신의 선도국이 돼야 하는 데서 이유를 찾을 수 있다. 따라서, 과학기술정보통신부는 올해 8월 '6G 통신 시대를 선도하기 위한 미래 이동통신 연구·개발R&D 추진 전략'을 발표했다. 이에 따르면 정부는 2021년부터 5년 동안 6G 개발, 국제 표준, 연구 및 산업 기반 조성을 하게 된다.

ISSUE 8: 딥페이크
뛰어난 인공지능 기술이
불러온 비극

딥페이크는 정치인에게만 위협이 되는 것이 아니다. 딥페이크가 만들어 내는 가짜 마케팅의 위험성에도 주의를 기울여야 한다. 딥페이크는 주로 딥페이크 포르노 유포를 통한 성범죄, 딥페이크 음성 유포를 통한 정치적 공격, 딥페이크 허위 콘텐츠를 통한 사기 등의 문제가 발생한다. 전 세계 딥페이크 영상은 1만 5,000여 개다. 이 가운데 음란물이 절대다수96%다. 특히 이 음란물에 등장한 얼굴의 25%는 한국 여자 연예인이었다. IT업계 관계자는 "한류 문화가 확산하면서 한국 여성 연예인 인기가 많다 보니 생긴 현상"이라고 분석했다. 페이스북은 2019년 9월 딥페이크 탐지 기술을 개발하여, 페이스북에 딥페이크 콘텐츠가 발견되면 즉시 삭제하고 있다. 국내에서는 2020년 3월 요즘 딥페이크 영상이 SNS상에 유포되면서 콘텐츠 유통을 혼탁하게 만들고 있다. 딥페이크는 오픈소스인 페이스스왑^{Faceswap}이라는 라이브러리를 이용해 파이썬으로 손쉽게 구현한다. 딥페이크 영상의 공포가 시작되면서 SNS 활용 폭이 매우 극단적으로 줄어들고 있다. 이에 따라 페이스북은 최근, 인공지능 경진 대회 플랫폼인 캐글^{Kaggle}에서 100만 달러 상금을 걸고 딥페이크 영상을 걸러내는 기술을 겨루는 대회를 개최하기도 했다. 그뿐만 아니라 SNS 업체들은 필터링 기술을 적용하여 딥페이크 영상을 걸러내고 있다.

또한 일명 'n번방' 범죄처럼 영상 녹화 사기가 유행한다. 채팅을 할 때 '소리가 잘 안 들린다'는 등의 이유로 특정 해킹 파일 설치를 요구하여 화상 채팅을 유도한 뒤, 녹화한 영상을 지인들에게 유포하겠다고 협박하여 금전을 갈취하는 범죄가 성행하고 있다. 영상 녹화 사기, 보복성 음란물, 딥페이크 등을 법적으로 규제하기 위해 'n번방 방지법'을 시행했지만, 제일 중요한 것은 SNS 업체가 필터링 기능을 통해 이를 예방하는 수단을 적극적으로 도입하는 것이다.

CCTV는 좋지만
QR코드 체크인은 싫어요?

스마트시티는 시민들의 이동, 생체, 위치, 건강, 접촉, 커뮤니케이션 활동 등을 실시간으로 수집 및 분석하게 된다. 또한 코로나19에 따른 감염자 경로를 추적하거나, 언택트를 위한 정책 수립 및 집행과정을 위해서는 시민 데이터 수집이 필수적이다. 영국의 소설가 조지 오웰George Orwell의 《1984》와 같은 빅브라더가 탄생하는 것이다. 이는 긍정적 의미로는 선의 목적으로 사회를 돌보는 보호적 감시의 의미이지만, 부정적 의미로는 음모론에 입각한 권력자들의 사회통제 수단이 될 수 있다. 구글은 2015년부터 캐나다 밴쿠버에서 추진했던 스마트시티 추진을 2020년 6월에 전면 백지화했다. 구글이 밴쿠버를 첨단 도시재생 사례로 만드는 것을 주 정부에서는 환영했다. 그

스마트시티는 교통, 환경, 안전, 재해 등 많은 부분에서 유익한 측면을
제공하지만, 반면에 데이터 수집을 통해 개인정보, 위치정보 등을 노출해
시민에게 불편을 줄 수 있다. 암스테르담 스마트시티의 경우 많은 시민, 기
업, 연구 기관, 지자체 등의 수평적인 협력을 통하여 상호 양방향의 열린
생태계를 지향한다. 암스테르담 스마트시티 오픈 플랫폼은 디지털 시티,
에너지, 모빌리티, 순환 도시, 거버넌스와 교육, 시민과 생활 등 6개 테마로
운영된다. 이곳에서 다양한 소속의 사람들이 도시를 더 살기 좋은 곳으로
만들기 위해 아이디어를 제안하고 프로젝트를 실현하고 있다.

최근 코로나19로 인해 헌법에서 보장되는 집회 결사의 자유 등 많은
시민의 권리가 제한되고 있다. 특히 식당 등을 출입할 때 확인하는 QR코드
에 대한 부정적인 의견도 제기되고 있다. 그러나 생명의 존엄성을 보장한
다는 측면에서는 이러한 부정적 의견은 상쇄되고도 남는다. 사실 QR코드
체크인을 했다고 해서, 그 데이터를 다른 목적으로 활용하기는 기술적으로
쉽지 않다.

최근 디지털 트윈 기반의 스마트시티가 구축되고 있다. 사이버 보안, 즉 무분별한 데이터 수집으로 인한 개인정보의 유출 및 데이터에 기반한 사회 통제와 감시로 인한 불편 등 여러 가지 문제를 해결할 방안을 모색하는 것이 앞으로 구축될 스마트시티의 남은 과제다.

21년 만에 폐지된 공인 인증서,
1800만 명이 선택한 네이버 인증서

디지털 정부 혁신의 우선 추진과제는 다음과 같다. '공공부문 마이데이터 활성화'는 국민의 '자기정보 활용' 및 '자기정보 다운로드', 스마트폰을 활용한 '전자 증명서', 스마트폰 기반의 디지털화된 '모바일 신분증', 고지서 · 안내문의 온라인화 및 간편한 납부가 가능한 '디지털 고지 · 수납'을 포함한다. '시민참여를 위한 플랫폼 고도화'는 모든 콜센터를 통합한 '국민의 소리', 시민이 참여하여 사회문제를 해결하는 '도전 한국', 오프라인 수수료 감면 및 비대면 서비스를 확산하는 '취약계층 지원'으로 구성된다. '클라우드와 디지털 서비스 이용 활성화'는 '민간 클라우드 이용 확대', AI 및 클라우드 서비스의 개발 · 운영을 지원하는 '개방형 플랫폼', 민간 서비스를 정부에 제공하는 유통 플랫폼인 '서비스 전문계약'으로 구성된다. 이러한 추진과제 수행을 통해서 얻어지는 효과는 대국민 측면에서 공공 서비스에 대한 이용자 경험을 획기적으로 개선하고, 정부 내부 측면에서는 국민과 현장의 요구에 민감하게 반응할 수 있는 정보로 혁신하며, 산업 측면에서는 개방형 생태계를 기반으로 소프트웨어 산업의 글로벌 도약을 기대한다.

—《디지털 트렌드 2021》 pp.260~263

2021년은 디지털 시대의 본격적인 개막을 알리는 시점이다. 디지털 정부의 역할은 국민의 편의성 제공, 기업의 생산성 향상, 공무원의 업무 능률 향상에 관점이 맞춰져 있다. 우리나라는 특히 국민의 편의성과 기업의 생산성에 우선적으로 초점을 맞추고 있다. 국민을 위한 측면에서는 21년 만에 폐지된 공인 인증서를 예로 들 수 있다. 이제는 카카오, 네이버, 페이코 등의 민간 인증서로도 국세청 및 민원24 등 공공서비스를 이용할 수 있다. 또한 마이데이터를 통해 국민이 맞춤 서비스를 받을 수 있으며, 디지털 집현전을 통해 정부의 정보 및 서비스에 쉽게 접근할 수도 있다.

산업 발전을 위한 디지털 뉴딜은 데이터 · 네트워크 · 인공지능 D.N.A. 생태계 강화, 교육 인프라 디지털 전환, 비대면 산업 육성, 사회간접자본

^{SOC} 디지털화 등 4대 분야에서 12개 추진과제로 구성되어 있고, 31개 대표 산업을 육성한다. 또한 공무원의 합리적인 업무 추진을 위해 데이터 기반 행정을 통해 정책 수립 및 의사결정 수준을 향상하고자 한다. 이렇듯 정부는 디지털 뉴딜을 시발점으로 하여 다양한 디지털 정책과 디지털 거버넌스를 향상할 것으로 기대한다.

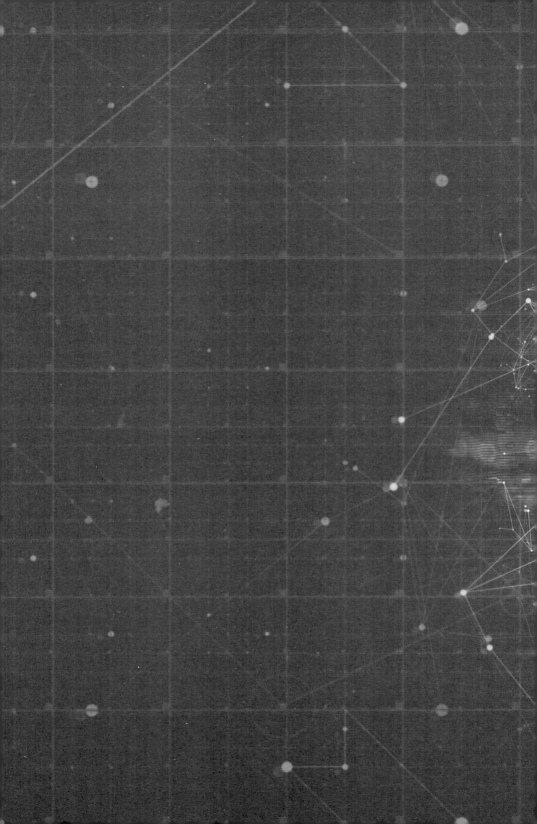

2부

디지털
트렌드
2022 전망

전 세계적으로
디지털 대전환이 일어나고 있다

2022년의 디지털 혁신, 무엇이 다른가?

2021년은 우리 사회에 디지털 원년이라고 할 수 있는 한 해다. 디지털 기술 측면에서 인공지능^{AI}, 빅데이터, 증강현실^{AR} · 가상현실^{VR}, 사물인터넷^{IoT}, 챗봇^{Chatbot} · 로봇 프로세싱 자동화^{RPA}, 5G 이동통신이 확산되었고, 디지털 생태계 측면에서 비즈니스 모델과 플랫폼, 스마트시티, 디지털 정부가 전면에 등장했으며, 디지털 사회 측면에서 디지털 트랜스포메이션, 디지털 워크, 포스트 코로나가 화제를 모았다.

그러나 올해의 디지털 트렌드는 단순히 지난해의 연장선으로 보기는 어렵다. 2021년의 특징은 디지털 트렌드가 기술 중심에서 활용 중심으로 바뀌었으며, 기업 중심에서 산업 중심으로 이동했고, 정부의 적극적 개입을 통한 디지털 인프라 투자가 가속화되고 있다는 것이다. 디지털 마케팅의 급속한 확장, SNS를 통한 콘텐츠의 유통, 디지털 트윈의 활성화도 눈여겨봐야 한다. 인공지능 분야의 경우 기술의 발전보다는 AI 모델 및 AI 휴먼, 설명 가능한 인공지능, 인공 감성지능, AI 윤리, AI 거버넌스 등이 화두이다. 기술 분야에서는 대체 불가능한 토큰인 NFT, 중앙은행 디지털 화폐인 CBDC, 디지털 치료제, 슈퍼앱, 메타버스, 6G 이동통신의 기술 개발 등이 두드러졌다.

2021년은 인터넷으로 쏟아지는 디지털 관련 뉴스, 블로그, 자료 등이 지난해에 비해 4~5배는 증가한 것으로 보인다. 지난해는 디지털 관련 지식을 얻기 위해 인터넷을 검색하기만 하면 됐지만, 올해는 많은 자료들 중에 어떤 자료를 취합할 것인지를 고민해야 한다.

모든 정부기관과 연구소 그리고 금융기관 리서치 센터는 저마다 디지털에 관련된 이슈를 5~10페이지 분량의 PDF 저널journal로 발행한다. 일종의 보고서인 화이트페이퍼white paper와 같은 성격의 자료로, 기술에 대한 정의, 적용 사례, 전망 등을 매우 심도 있게 정리 및 분석하고 있다. 이제 뉴스를 통해 새로운 디지털 이슈가 등장해도 보는 사람은 별로 놀라지 않는다. 이처럼 새로운 혁신에 둔감해진 이유는 '파괴적 혁신의 일상화' 시대가 되었기 때문이다.

컨설팅 업체 EY의 조사에 따르면 글로벌 기업 CEO의 공통된 관심사는 '어떻게 파괴적인 혁신 기업이 되는 동시에 파괴적인 혁신을 지속할 수 있는가?'라고 한다. 조사의 구체적인 내용은 기업의 67%가 단기 수익을 얻지 못하더라도 위험을 감수하고 파괴적인 혁신 프로젝트를 수행하기를 원하지만, 그중 50% 기업은 파괴적인 변화가 가져올 기회를 잘 활용할 준비가 되어있지 않다고 한다. CEO의 80%는 파괴적 혁신 기술이 향후 5년간 비즈니스에 가장 큰 영향을 주는 요인이 될 것으로 전망하고 있다.

진정한 혁신 기업은 20% 미만이다. 혁신 문화를 실제로 수용하고 그 혁신을 이끌어갈 리더십을 가진 기업을 '버터플라이butterfly'라고 부른다. 그러나 변화하지 않고 기존의 방식을 고수하는 기업은 '애벌레'라고 한다. 버터플라이의 특징은 2가지로 요약된다. 첫째는 리더십이다. CEO 및 경영진이 직접 혁신 프로그램을 책임지며 투자를 위한 자금을 조달한다. 둘째는 문화이다. 프로젝트를 빠르게 수행하고, 실패에 대해 처벌하지 않으며, 서로 다른 레벨의 팀과 협력하는 기업 문화를 말한다. 이러한 조사 결과는 글로벌 기업을 대상으로 이루어진 것으로 우리 기업의 현황은 이보다 열악하리라 판단된다. 다행스러운 일은 롯데그룹, SK그룹 등이 선도적으로 나서며 그룹 리더가 디지털 트랜스포메이션을 주도하고 있다는 사실이다. 대중 매체의 뉴스를 통해 이들의 디지털 혁신에 대한 결과가 전해지면서, 많은 기업들에 신선한 바람을 불어넣고 있다.

디지털 혁신 시대, 우리는 무엇을 준비해야 할까?

요즘 코로나19 이슈를 제기하는 사람을 보면, 뭔가 시대에 뒤처지는 것 같은 느낌이 든다. 그것은 지난해 화두였다. 원격교육, 원격근무, 원격의료에 대한 이야기는 별로 주목을 받지 못한다. 그 이유는 너무나도 당연한 사실이기 때문이다. 이제는 포스트 팬데믹에 대한 관심을 가져야 할 때이다. 디지털 사회를 이끌어가려면 기업, 국민, 정부의 역할이 나누어져야 한다. 그리고 각자의 역할이 시너지가 나도록 조화를 이루어야 한다.

기업의 역할은 디지털 트랜스포메이션을 추진하는 것이다. 앞서 거론한 컨설팅 업체 EY의 결과에서도 나타나듯이, 기업은 파괴적 혁신을 주도하는 버터플라이가 되도록 준비해야 한다. 그러기 위해서는 디지털 혁신을 위한 리더십과 문화를 확보해야 하며, 조직원이 동의할 수 있는 디지털 비전과 비즈니스 모델이 필요하고, 추진과제에 대한 설득력이 있어야 한다. 이를 위해서 기업은 최고 디지털 책임자^{CDO, chief digital officer} 조직을 설치하고 전문 인력을 육성해야 한다.

국민의 역할은 디지털 사회에 대한 수용성을 높이기 위해 디지털 리터러시^{디지털 시대에 필수로 요구되는 정보 이해 및 표현 능력. 디지털 기기를 활용하여 원하는 작업을 실행하고 필요한 정보를 얻을 수 있는 지식과 능력}를 확보하는 것이다. 이를 위해 정부 주도의 홍보와 기업의 직원 디지털 교육이 필요하다. 국민은 자발적으로 디지털 사회 변혁에 관심을 가져야 하며, 새롭게 등장하는 디지털 기술 관련 직종에 자발적으로 접근해야 한다. 이를 위해서는 자기주도학습 self-directed learning이 필요할 것이다.

정부는 디지털 사회 변혁에 중요한 역할을 한다. 정부의 역할은 디지털 인프라 확보와 디지털 거버넌스로 요약된다. 최근 정부는 데이터 경제 3법, 마이데이터, 디지털 뉴딜, 디지털 집현전 등을 통해 인프라 확보에 나름대로 노력하고 있다.

디지털 거버넌스를 3가지 질문으로 요약하자면, '국가 전략을 디지털 전략이 효과적으로 지원하는가?' '디지털 정책 관련 의사결정이 중앙정부와 지방정부에서 톱다운top-down, 보텀업bottom-up, 공동 결정의 3가지 중 어떻게 이루어지는가?' '디지털 관련 예산 집행과 성과는 어떻게 측정하는가?'로 집약할 수 있다.

또한 정부의 모든 부처와 정부기관은 저마다 디지털 변혁을 추진한다. 이러한 현상은 중복 투자와 소외된 공간을 발생시키는데, 이를 해결하기 위해 정부의 컨트롤 타워가 필요하다. 따라서, 정부에 디지털 조직을 신설하고 장관을 임명하여 국가 CDO 역할을 일임해야 한다. 이는 거대한 정부 조직의 방대한 디지털 관련 사업의 일관성을 유지하고 균형 있는 디지털 변혁을 가능하게 할 것이다. 또한 국가 CDO는 정부 디지털 중장기 비전을 확립하고, 정부, 기업, 국민의 역할이 시너지를 발휘할 수 있는 선순환 모델을 개발해야 한다. 덧붙여 디지털화를 위해 규제를 해소해야 한다. 그렇다고 현존하는 규제를 마구 허물 수는 없다. 따라서 '규제 해소 위원회^{가칭}'를 설치하여 규제 해소를 위한 법규를 제정해야 한다. 이를 통해 규제 해소를 요청하는 사안별로 규제 예외를 두어 유연하게 풀어나가는 방법을 제시하고 싶다.

인간의 자리뿐만 아니라
'마음'까지 넘보는 인공지능

#1 인천국제공항공사에 지원한 K씨는 AI 면접을 봤다. 그는 한 시간 동안 자기소개와 입사 지원 동기 등을 말했다. 면접 후 AI는 K씨에게 최고 등급인 'S'를 줬다. 면접을 본 213명 가운데 AI로부터 S를 받은 사람은 K씨가 유일했다. 그러나 K씨는 인천국제공항공사 입사에 실패했다. 채용 담당자는 "AI 면접에서 좋은 점수를 받았지만, 면접관들은 K씨가 도저히 우리 회사와는 맞지 않는다고 생각했다."라고 말했다. 이처럼 현실에서는 인간과 인공지능의 판단에 작지 않은 차이가 발생할 수 있다. AI가 제시한 K씨에 대한 총평은 "자신감을 바탕으로 맡은 일을 주도적으로 진행한다. 다만 약점으로는 다른 사람보다 우월하다고 여기고 대접받고자 하는 경향이 있다."였다.

#2 "물 좀 가져다주세요."라고 말하는 호텔 투숙객에게 물을 가져다준 것은 다름 아닌 AI 로봇이다. 투숙객이 물을 달라는 요청에 로봇은 복도에서 마주친 다른 사람들을 피해 스스로 엘리베이터까지 타고 객실 문앞에 도착한다. 이미 2019년부터 서울 노보텔 앰배서더 동대문 호텔에 이 로봇이 투입되었고, 현재 대구 메리어트 호텔과 다수의 패밀리 레스토랑에서도 볼 수 있다. 인공지능 로봇은 호텔 내부 와이파이 수신기를 통해 고객용 엘리베이터와 연동돼, 생수 및 객실 비품이나 고객이 요청한 물품을 지정된 객실로 운반해준다. 비대면 서비스가 요구되는 시대에 AI 로봇을 이용한 서비스는 점차 늘어날 것이다.

#3 스타트업 스캐터랩Scatter Lab에서 개발한 '이루다'는 스무 살 여대생으로 설정된 AI 챗봇이다. 100억 건에 달하는 실제 연인 간 대화 데이터를 기반으로 개발되어 "나 드디어 기말고사 다 끝났어!" "콩나물국밥 먹고싶어!! 뜨끈한 국물에 노른자 익혀서 냠냠냠 먹으면 영혼이 울리는ㅠㅠ" 등 다른 챗봇보다 자연스럽고 친근한 말투를 구사했다. 출시 이후 하루 사용자가 20만 명에 이를 정도로 큰 인기를 끌었다. 그러나 동성애자·장애인 등 소수자를 혐오하거나 인종 차별을 하는 듯한 발언으로 논란이 됐다. 무엇보다 데이터를 수집하고

활용하는 과정에서 개인정보 침해 논란을 일으켜 결국 출시 20일 만에 서비스는 중단됐다.

주식 투자도 이제는 AI에게 맡긴다

요즘 들어 주식 시장이 뜨거워지고 있다. 이에 따라 AI를 활용해 투자 종목을 추천해 주는 로보어드바이저에 관심이 집중되고 있다. 최근에는 미국의 증권회사 골드만삭스Goldman Sachs와 세계 최대 자산운용사 블랙록BlackRock도 이 분야에 참여했다. 그런데 과연 인공지능에 내 자산을 맡겨도 되는 걸까?

로보어드바이저는 로봇robot과 투자자문 전문가advisor를 합성한 신조어다. 이는 인공지능 알고리즘이 빅데이터를 분석하여 각종 경제 지표와 과거 주가 등의 상관관계를 바탕으로 투자 전략을 짜고, 이를 고객의 성향에 맞춰 각종 주식, 상장지수펀드ETF, exchange traded fund, 채권, 예금 등으로 포트폴리오를 구성해 투자하는 것이다. 로보어드바이저는 프라이빗뱅커PB와 펀드매니저 같은 전문가가 하던 일을 시스템이 대신해 주는 역할을 한다.

국내 로보어드바이저 전문 업체는 파운트^{fount}, 에임^{AIM}, 불릴레오 ^{boolileo}, 핀트^{Fint} 등이 있다. 2020년 말 기준으로 각 업체의 자산 규모는 파운트 8,226억 원, 에임 3,316억 원, 불릴레오 1,490억 원, 핀트 313억 원 순이다. 파운트는 5만 개가 넘는 시나리오 분석을 통해 금융 투자의 비율을 찾는 방식으로 진행된다. 이는 수익률 검증을 거쳐 기관투자자들이 선호하는 것으로 알려졌다. 불릴레오는 특정 테마에서 AI를 트레이닝한다. '기술주' '신재생에너지주' 등 주요 관심 테마나 섹터에서 최적의 투자 조합을 찾는 방식이다. 에임은 글로벌 2,500개 ETF의 알고리즘을 분석한 후 펀드 매니저의 자문을 추가해 최종적으로 포트폴리오를 구성한다.

2019년 국내 로보어드바이저 업체의 수익률은 10~20% 수준이었다. 이는 미국 대표 주가지수 중 하나인 S&P500 상승률$^{16\%}$, 국내 대표 주가지수인 코스피 상승률$^{28\%}$보다는 낮지만, 안정적인 수익률을 보여 로보어드바이저에 대한 관심이 높아지고 있다. 로보어드바이저는 포트폴리오를 신경 쓰지 않아도 되며, 사모펀드 사기와 금융상품 불완전판매 등의 피해를 피할 수 있다. 설문조사에 따르면 로보어드바이저는 안심하고 돈을 맡길 수 있어 믿음직하다는 응답이 많았다.

골드만삭스는 개인용 자산 관리 서비스 앱인 마커스 인베스트$^{Marcus\ Invest}$를 제공한다. 블랙록도 로보어드바이저 회사 퓨처어드바이저$^{Future\ Advisor}$를 인수한 후 로보어드바이저 서비스 운용을 시작했다. 국내에서는 신한은행 '엠폴리오', KB국민은행 '케이봇쌤', KEB하나은행 '하이로보', 우리은행 '우리 로보-알파', NH농협은행 'NH로보-프로' 등이 유사한 서비스를 시행하고 있다. 한때 600명에 달하던 골드만삭스의 트레이더들이 이제 2명밖에 남지 않았다. 컴퓨터 자동 거래 소프트웨어가 이들을 내몬 것이다.

몇 년 전 매출액이 1조 원이 넘는 식품회사를 방문한 적이 있다. 방문 목적은 생산 현장의 품질 관리 방법을 개선하기 위한 것이었다. 식품회사는 단 1개의 불량품이 발생해도 회사의 신뢰도와 이미지에 엄청난 타격을 주기 때문에 품질 검사는 식품회사의 생명과 같다. 따라서 식음료 산업은 확실한 이물질 제거, 오차 없는 포장 상태, 정확한 인쇄가 기본이다. 자칫 잘못하면 1개의 불량으로 인해 모든 제품을 폐기해야 할 수도 있기 때문이다. 그런데 식품회사의 기존 작업자가 하는 품질 관리는 다양한 한계가 있다.

첫 번째, 작업자가 검사 항목을 파악하고 기준을 이해하는 데 필요한 훈련 기간이 약 3개월로 길다는 것, 두 번째, 수작업 검사에 소요되는 검사 시간이 길다는 것, 세 번째, 장시간 검사에 따른 작업자의 피로도가 증가하면 집중력이 떨어져 검사 품질이 낮아진다는 것, 네 번째, 사람이 판단하기 때문에 정량화가 근본적으로 불가능하며, 작업자마다 수립한 기준이 차이가 있어 판정 결과 또한 균일하지 못하다는 것 등이 문제점이다. 하지만 가장 큰 문제는 식품 포장지의 난반사와 비정형 불량으로 인해 육안 검사는 불량률을 감소시키는 데 한계가 있다는 것이다. 또한 불량률을 줄이기 위해 검사 작업자를 늘리는 것 역시 원가를 가중하는 요소로 작용한다.

최근 한 식품회사가 국내 기업 트윔^{Twim}이 개발한 AI 비전 검사기 'T-MEGA'를 검사에 적용하였다. 이 식품회사는 난반사, 비정형 불량 등의 문제를 해결하고 3개월 만에 투자 비용을 회수하였다. AI 품질 검사 시스템의 특징은 분당 300개의 빠른 검사 속도와 딥러닝을 통한 실링, 배접, 접힘, 찍힘, 구김, 스크래치, 누액, 인쇄 등의 불량 검사를 수행할 수 있다는 것이다. 제품 종류별 모델 체인지 및 비전 얼라인먼트를 통한 정밀 제조도 가능하고, 검사 항목, 검사 수준, 검사 속도 등 고객사 요구 사항도 적용할 수 있다. 또한 트윔은 'MOAI 4.0' 기반의 학습형 검사 소프트웨어를 개발했다. 이 소프트웨어는 불량 샘플 이미지를 통해 스스로 수백, 수천 장의 이미지를 자동 생성하여 학습한 후, 제품에 있는 결함의 크기를 측정하여 사용자에게 알려준다. 결함의 위치나 모양을 추적하여 유형별 분류도 수행한다.

MOAI 4.0의 구동 과정을 살펴보면, 먼저 불량 샘플 이미지를 입력하면 불량에 따라 결함별로 레이블링^{labeling}을 진행한 후, 딥러닝을 통해 스스로 불량에 대한 더 많은 학습을 한다. 최종 모델이 생성되면 정상 제품의 이미지를 입력하여 검사하고, 검사 결과를 사용자에게 보여준다. AI 비전 검사기를 적용한 결과, 작업자의 육안·촉각을 이용한 검사를 대체할 수 있었다. 이는 3교대 근무 및 하루 8시간 근무를 기준으로 한 육안 검사자 8명을 대체하는 효과를 나타냈고, 검사에 이어 포장까지 하는 작업자 4명을 대체하는 효과를 보였다. 또한 모델 변경 시 추가 학습을 통해 신규 모델에 적용 가능한 기술로, 일정한 검사 품질을 확보하는 장점도 있었다. 이렇듯 AI 비전 검사기는 스마트 팩토리 구축에 필수적인 기능이다.

회사 경쟁력을 높이는 AI 교육

조직 내에서 직원을 교육하는 일은 중요한 문제다. 직원의 이탈, 채용, 전환 등의 변화에 신속하게 대응하기 위해서는 교육이 필요하다. AI는 조직 내의 새로운 기술 교육 전략, 기술 확인, 학습 경로 추천, 근무 중 교육 등에 유용하게 활용된다.

35만 명의 직원 고용을 통해 기술을 선도하는 IBM은 AI를 통해 직원들의 기술을 유지한다. IBM의 HRhuman resources 담당 임원은 "이제 기술의 반감기는 5년이다. 5년이 지나면 배운 것의 절반이 쓸모없어진다."라고 말한다. 새로운 기술 교육 전략의 첫 번째 단계는 현재 직원들의 기술을 파악하는 것이다. 과거 자기평가 방식의 업무 정확도는 약 75% 수준이었다. 현재는 AI를 사용하여 이력서, 블로그, 공개 논문, 기업 이메일 등 2억 2,000만 개의 내부 문서를 스캔하여 기술을 추론한다. 그리고 직원에게 "당신에게 이런 기술이 있는 것 같다. 피드백을 달라."라고 요청하면 업무 정확도는 90%에 이른다고 한다. 그는 이런 자동화된 기술 평가가 최신성을 유지하기가 더 쉽다고 말했다.

기술 확인 단계는 직원들이 보유한 기술, IBM이 필요한 기술, IBM의 고객들이 요구하는 기술에 따라 AI 시스템으로부터 학습 추천을 받는다. 또한 이 시스템은 같은 배경을 가진 다른 직원들의 교육 과정을 기반으로 추천한다. 그리고 직원들은 AI에 기반한 직무 추천을 받는다.

근무 중 교육은 챗봇을 통해 질문하고 응답받는다. 컨설팅 업체 KPMG 는 직원들에게 LIBOR^{London Interbank Offer Rate} 시스템에 관한 교육을 하는 경우, AI를 사용하여 모든 형식의 연락처를 읽고 은행 금리 및 기타 LIBOR 언어에 대한 참조를 추출하여 직원 워크플로^{work flow}로 제공한다.

이렇게 직원 교육에 AI를 사용해 직무 능력을 향상하는 것이 중요한 만큼, 직원들의 디지털 교육도 필요하다. AI로 교육을 시도했으나, 디지털에 대해 잘 모르는 직원이 있다면 그만큼 효율이 낮을 것이다. AI 도입으로 직원 교육을 진행하는 것도 좋으나, 그보다 앞서 직원들에게 디지털 관련 교육을 수행하는 것이 중요하다.

사람보다 더 사람 같은 '디지털 휴먼'

최근 신한라이프 광고로 유명해진 사람이 있다. 바로 '로지'다. 로지는 이미 인스타그램 팔로워가 5만여 명이고, 연 130억 원을 번다고 알려져 있다. 여기서 놀라운 점은 로지가 사람이 아니라는 것이다. 로지는 싸이더스 스튜디오 엑스에서 만든 국내 최초의 가상 AI 모델이다. SNS 등으로 일상을 공유하면서 정말 실존하는 사람처럼 행동하지만, 실제로 존재하는 인물은 아니다. Z세대를 겨냥한 마케팅에서 요즘 젊은 사람들이 좋아하는 셀럽celebrity의 외형을 분석해 3D 기술로 구현한 가상 인물이다. 로지는 직접 광고에 출연하면서 젊은 사람들에게 많은 호응을 얻고 있다. 이처럼 AI로 실제 인간처럼 만들어낸 '디지털 휴먼digital human'이 주목을 받고 있다. 이들은 광고 모델로 활약하거나, SNS에서 인기몰이를 한다. AI 모델은 춤·노래·외모 측면에서 사람에게 뒤지지 않으며, 나이를 먹지 않기에 인간 아이돌의 한계를 극복할 수 있다.

스타트업 딥스튜디오Deep Studio가 만든 디지털 아이돌 '정세진'은 아이돌 연습생이다. 《명탐정 코난》《원피스》 등의 만화를 탐독하며, 작곡까지 가능하다. 정세진은 인스타그램에 일상 사진을 자주 올린다. 그의 인스타그램 팔로워는 3만 3,000여 명이다. 미국 스타트업 브러드Brud가 만들어낸 브랜드 아바타 릴 미켈라Lil Miquela는 프라다, 캘빈클라인, 삼성 갤럭시 등 유명 브랜드와 협업하며 인스타그램 팔로워를 292만여 명까지 늘렸다. 일본 기업 AWW가 만든 컴퓨터 그래픽^{CG} 모델 '이마'는 톡톡 튀는 스타일링과 분홍색 머리가 눈에 띄는데, 이케아, 포르쉐, SK-Ⅱ 등의 광고에 출연했다.

디지털 모델의 외모는 거의 사람과 흡사한 수준으로 구현되고 있다. 다음 과제는 인물에 캐릭터를 부여하는 것이다. 이는 팔로워에게 강하게, 혹은 친근하게 접근하기 위해 상징적 이미지를 만들어 개성이나 성격 등을 부여하는 것을 말한다. 예를 들면 디지털 모델이 에니어그램^{Enneagram} 9가지 유형 중 어느 것에 속하는지 구분할 수 있는 수준이 되어야 한다.

이를 통해 디지털 휴먼이 감정을 표현하고, 또 팬들은 감정을 이입할 수 있게 됨으로써 훨씬 생동감 있는 소통이 가능해질 것이다. 또한 AI 아이돌은 노화와 체력 소모, 구설수에 오를 가능성 등 인간 아이돌이 가진 한계를 극복할 수 있다는 점에서 주목받고 있다.

설명이 가능한 인공지능

디지털 시대에는 거의 모든 분야에 인공지능 기술이 활용되고 있다. 최근 인공지능 분야에서는 '설명 가능한 인공지능^{XAI, explainable AI}'이 주목을 받고 있다. 만약 자원 개발 분야에서 인공지능을 통해 투자 의사결정을 하는데, 막대한 재원이 투입된다고 가정하자. 투자자는 과연 인공지능을 믿고 대규모 투자를 할 수 있을까? 만약 인공지능이 잘못된 판단을 하면 심각한 문제가 야기될 것이다. 결과에 대한 근거 및 도출 과정을 생략하거나, 오류 발생 시 원인을 즉시 알 수 없어서 개발자마저 인공지능의 문제를 파악하지 못하는 경우가 있다. '어떤 과정을 통해서 결과를 도출해냈는지 설명할 수 있다면 사람들이 훨씬 더 잘 받아들이고 인공지능을 신뢰할 수 있지 않겠는가?' 하는 관점을 바탕으로 설명 가능한 인공지능, 즉 XAI가 거론되고 있다. XAI는 인공지능 스스로가 사람을 이해할 수 있게 만들어준다.

인공지능 학습 방법에는 머신러닝machine learning의 지도학습supervised learning, 비지도학습unsupervised learning, 강화학습reinforcement learning과 딥러닝deep learning이 있다. 이러한 학습 방법론 중에서 우수한 것이 딥러닝이다. 그러나 딥러닝은 설명력이 부족한 '블랙박스black box'이다. 블랙박스라고 부르는 이유는 특정 결론에 이르는 과정이 불투명하고, 이유를 알기 어렵기 때문이다. 딥러닝은 특징 추출부터 판단까지 전부 딥러닝 네트워크가 알아서 하므로 어떤 과정을 통해서 답을 추론했는지 알 수 없다.

의사결정 트리decision tree는 의사결정 분석 목표에 가장 가까운 결과를 낼 수 있는 기법이다. 이는 학습 성능이 떨어지지만, 결과를 어떻게 도출했는지 논리적으로 설명이 가능하다. 의사결정 트리를 포함한 대부분의 과거 머신러닝 방법론들은 2~3개 계층으로 구성된 기존의 인공신경망neural networks 구조인 섈로 러닝shallow learning에 속한다. 이는 사람이 작성한 로직logic이 들어가 있기에 도출한 결과에 관해 설명되는 것이다. XAI 수행 단계는 다음과 같다.

· 1단계: XAI가 모델을 학습하고 과제에 대한 결론을 내린다.
· 2단계: 담당자는 인터페이스를 통해 XAI의 내부 모델을 파악한다.
· 3단계: 담당자는 AI가 제공한 결론을 통해 업무를 수행한다.

이처럼 XAI 수행 단계를 거치게 되면 사용자가 안심하고 인공지능의 산출 결과를 활용할 수 있다. 예를 들어 의사는 암 투병 중인 환자에게 약을 처방하기 전에 결정을 내려야 한다. AI가 도출한 결과를 보고 의사는 그간 쌓아온 경험을 통해 최종 결정을 내리는 것이다. 여기서 AI가 최종 결과에 대한 근거와 도출 과정을 제공하지 않았다면 의사는 결론만 보고 결정을 내리기 어렵다. 자신의 경험과 AI가 도출한 결과가 상이한 경우에는 혼란스러울 수도 있다. 만약 보기 쉬운 인터페이스로 AI의 결론 도출 과정을 볼 수 있다면, AI를 통한 결과를 신뢰할 수 있을 것이고 약 처방에 도움이 될 것이다.

병원에서 암 진단을 위해 사용하는 왓슨Watson은 블랙박스 형식의 인공지능 시스템으로, XAI의 조건에 적합하지 않다. 때문에, 왓슨을 도입한

아젠스그래프로 구현한 의사결정 지원 도구

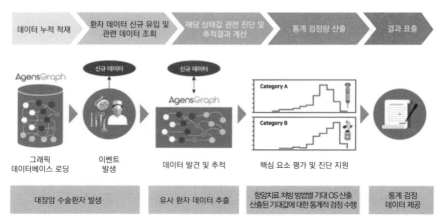

자료: 아젠스그래프 블로그(https://blog.naver.com/bitnine9/221874741913)

병원들은 별도의 의사결정 지원 도구를 도입하여 시험을 하기도 한다. 이러한 병원들은 비트나인bitnine의 아젠스그래프AgensGraph를 도입해 지능증강intelligence augmentation과 유사한 기술 적용을 시도한다. 이러한 방법을 통해 복잡한 전자의무기록EMR 데이터를 수집하고 정제하는 과정을 단축하게 되어 분석용 EMR 데이터를 효율적으로 적재할 수 있게 되었다. 또한 환자의 상태 정보를 논리적으로 분류한 카테고리의 조회도 가능해져, 통계를 확인하는 일도 편리해졌다. 아젠스그래프를 사용하는 전문의는 이러한 통계를 보고 치료법에 대한 의사결정의 정확도가 한결 나아졌다고 말한다. XAI는 암 진단뿐만 아니라 신약 개발, 디지털 마케팅, 국방 부문 등 다양한 분야에서 적용되고 있으며, 점차 활용 범위가 확산되리라 전망한다.

인간의 감정까지 흉내 낸다

영화 〈그녀〉를 보면 인공지능 사만다가 주인공 테오도르의 마음에 공감하며, 인간보다 더욱 인간 같은 감정을 담은 말을 전하는 장면이 나온다. 테오도르는 자신의 말에 귀를 기울이며 이해해주는 사만다로 인해 조금씩 상처를 회복하고 행복을 되찾게 되고, 어느새 점점 그녀에게 사랑의 감정을 느끼게 된다. 인공지능이 사람에게 연민을 느끼는 것은 바로 감성지능emotional intelligence의 영역이다. 이처럼 인공지능과 사람 간의 감정 교류에 대한 영화 속 이야기는 요즘 우리 곁에 현실로 빠르게 다가오고 있다. 이제 인간의 감성을 인지하고 해석할 수 있는 인공지능 시스템인 감성 컴퓨팅AC, affective computing을 본격적으로 연구하는 단계이다.

과학자들이 제시한 감성지능 4가지 구성 요소 중 첫 번째는 자기 인식 능력self-awareness, 즉 자신의 기분, 감정, 취향 등이 타인에게 미치는 영향을 분명히 이해하는 능력이다. 두 번째는 자기 관리 능력self-management, 즉 성취 지향성, 적응력, 정서적 자기 통제력, 긍정적 관점 등을 관리하는 능력이다. 세 번째는 관계 관리 능력relationship management, 즉 갈등 관리, 코칭 및 멘토링, 영향력, 고무적 리더십, 팀워크 등 인간관계를 형성하는 능력이다. 마지막으로 네 번째는 타인 인식 능력social awareness, 즉 타인의 감정과 관점을 헤아리고 관심을 보일 수 있는 능력과 다른 사람들의 감정적인 반응에 대응하고 처리하는 능력이다.* 감정 인식 기술은 안면 인식facial expression, 언어인지speech recognition, 동작인식gesture recognition, 생체인식biometrics 등과 함께 감정생성emotion generation, 감정증강emotion augmentation 기술을 추가하여 진정한 인공 감성지능으로 활용이 가능하다.

오토모티브automotive 영역에서는 자동차와 운전자가 교감하는 감성 주행emotive driving으로 운전자의 감정 상태와 생체 정보에 최적화된 실내 환경을 제공한다. 기아자동차의 실시간 감정 반응 차량 제어R.E.A.D., real-time emotion adaptive driving 시스템은 기계학습을 기반으로 사람의 표정, 심장 박동 등 생체 정보 인식을 통해 운전자의 감정 상태를 분석하고, 음악, 진동, 온도, 향기, 조명 등 운전자의 오감과 관련된 차량 내 환경을 최적화하는 기술을 개발하고 있다.

지능형 감성 로봇emotional robot은 건강관리, 엔터테인먼트, 판매, 범죄 수사 등에 적용할 수 있다. 시스콤SYSCOM의 서비스 로봇 아유다Ayuda는 안면인식 엔진 '페이스미FaceMe'를 통해 고객의 얼굴, 성별, 나이, 감정 등의 특징을 파악하고 대응하는 대화형 서비스를 제공한다. 소피아Sophia는 핸슨 로보틱스Hanson Robotics와 카이스트KAIST가 공동으로 개발한 휴머노이드 로봇humanoid robot이다. 소피아는 눈에 부착된 센서로 상대방의 표정을

---

* IITP, 〈주간기술동향〉 1936호 '인공 감성지능 기술 동향 및 산업 분야별 적용 사례' 참고

인식하고, 인간의 감정 62가지를 표정으로 표현한다. 또한 손동작 등으로 자연스러운 감정 표현을 하며, 사람과 일반적인 대화를 하는 인공지능 로봇이다.

헬스케어 분야에서는 음성, 뇌, 근육 및 호흡기 건강 등을 측정해 감정 상태를 분석하고 우울증 등을 진단함으로써, 자폐아 치료를 목적으로 하는 특수 앱들이 상용화되고 있다. 무드빔Moodbeam은 사용자의 기분을 수집하는 웨어러블 디바이스wearable device다. 무드빔은 2가지 버튼으로 기분을 저장할 수 있는데, 감정을 느낄 때마다 버튼을 눌러 기록한 데이터는 앱을 통해 확인할 수 있으며, 사람의 감정을 컨트롤하는 데 도움을 준다. 또한 앱을 통해 타인과 감정을 공유할 수 있고, 감정 트레킹을 통해 정신 관리를 할 수 있다. 히타치 시스템스Hitachi Systems의 미모시스MIMOSYS, Mind Monitoring Systems는 음성에서 기쁨joy, 평온calm, 분노anger, 슬픔sorrow의 4가지 정서적 요소와 흥분도excitement를 더해 5가지 지표를 측정하여, 기쁨과 슬픔에서 생동감vivacity을, 평온과 흥분도에서 이완relaxation을 산출하고, 이를 통해서 활력vitality 지수라는 단기 정신 건강 지수를 도출한다.

인공 감성지능은 고객 지원 서비스 분야에도 적용할 수 있다. KT의 OTT 서비스 '시즌'은 표정으로 감정을 분석한 후 영상 콘텐츠를 추천한다. 이는 '내 감정을 읽는 스캐너 검색'을 통해 고객의 표정을 읽고 기쁨, 슬픔, 화남 등의 감정을 고려하여 적합한 콘텐츠를 추천하는 것이다. 마이다스아이티

MIDAS IT의 인에어inAIR는 마이크와 웹캠을 통해 AI 면접을 하면서, AI가 면접자의 감정 상태를 분석하고 적합한 직군을 판별하여 인재를 추천한다.

AI, 정말 문제는 없는 것일까?

인공지능은 IoT, VR·AR, 로봇, 챗봇, 디지털 트윈, 블록체인, 디지털 마케팅 등 모든 디지털 영역의 동력이 되는 엔진 역할을 담당한다. 현재까지 진행된 인공지능에 관련하여 해결이 필요한 이슈로는 AI 사업의 성패, AI 편향, AI 딜레마, 자율주행차의 교통사고, AI 로봇의 법적 지위, AI 프라이버시 등이 있다.

2020년 인터넷 데이터 센터IDC 연구에서는 AI 및 머신러닝 프로젝트 중 28%가 실패한 것으로 나타났다. 그리고 AI 프로젝트에 성공하는 기업은 13% 수준이라고 한다. 인공지능을 적용한 미래가 생각보다 보랏빛이 아닌 이유는 무엇일까? 그것은 인공지능 적용을 위한 주제 선정의 잘못, 인공지능 학습을 위한 데이터양의 부족, 인공지능 프로젝트의 80%를 차지하는 데이터 준비 과정에서의 데이터 품질 문제 등을 꼽을 수 있다.

2015년 구글의 포토 서비스는 흑인 여성의 사진을 '고릴라'로 분류하여 항의를 받았으며, 2016년 인공지능 '뷰티에이아이Beauty.AI'가 심사하는 국제 미인 대회에서 유색 인종 여성들은 단 1명도 입선하지 못하면서 인종 차별 논란이 발생했다. 또한 마이크로소프트의 인공지능 챗봇 '테이Tay'는 출시 하루가 지나지 않은 상황에서 인종 차별적, 신新 나치주의적 발언을 트위터에 쏟아내어 서비스가 중단된 바 있다. 마이크로소프트에 따르면 테이는 인간과 대화를 나누며 빅데이터를 분석하는 학습을 통해 말을 배우는데, 백인 우월주의자 및 인종 차별주의자들이 테이에게 차별적 발언을 반복적으로 입력하는 방법으로 훈련한 것으로 파악되었다.

2016년 미국 대선에서는 페이스북의 뉴스 편집 알고리즘이 특정 후보에 불리하도록 조작되었다는 의혹이 불거졌다. 이에 따라 페이스북이 관련 편집자들을 해고하고 자동화된 알고리즘만을 사용하는 것으로 대체했다. 그러자 이번에는 오보가 가득한 기사가 관련 뉴스로 자동 노출되어 인간의 편향 못지않은 한계를 보였다. 이처럼 데이터 편향에 따른 차별 및 알고리즘의 책임 문제가 인공지능 분야에서 제기되고 있다.

우리는 흔히 데이터나 알고리즘이 객관적으로 작동된다고 믿는다. 하지만 인공지능에 의한 비의도적인 차별과 편향의 사례가 심심찮게 발생하는 것을 보면, '알고리즘이 과연 공정하고 중립적인가?'라는 의문이 든다. 이에 대해 미국 백악관의 보고서는 차별적인 결과를 낳는 알고리즘의 편향 원인으로 잘못된 데이터의 채택, 불완전하고 부정확하며 오래된 데이터 사용, 무의식적으로 작용하는 역사적 편향 등을 거론하고 있다.

구글 딥마인드DeepMind가 인공지능이 '죄수의 딜레마'와 같은 상황에서 어떠한 행동을 하는지 발표한 내용은 상호 협력적 인공지능 설계 관련 시사점을 보여준다. 자신이 사과를 모으는 것도, 상대방이 사과를 모으는 것을 방해하는 것도 허용되는 '사과 모으기' 게임에서 인공지능은 자신이 사과를 모으기보다는 상대방을 공격하여 방해하는 전략을 우선적으로 구사했다. '늑대 사냥' 게임은 한 참가자가 사냥에 성공하면 주변의 다른 참가자도 모두 득점하는 방식인데, 정교한 인공지능일수록 '협업 전략'을 잘 구사한다. 즉, 인공지능은 게임의 규칙에 따라 '어떤 것이 더 이득이냐'를 판단하여 다른 행동을 보여주었다. 이와 관련하여, 해당 실험 연구자는 "AI 컨트롤에 있어서 중요한 것은 적절한 규칙이 적용되고 있는가 하는 점"이라고 밝혔다.

AI 기반의 자율주행차는 효율성뿐만 아니라, 교통사고를 감소시킬 수 있으리라는 기대감을 가지게 한다. 그러나 최근 발생하는 자율주행차 관련 교통사고에서는 사고의 책임 소재와 자율주행차 설계의 윤리적 기준에 대한 문제가 제기되고 있다.

미국 도로교통안전국NHTSA은 자율주행 기술의 발전 단계를 L0~L4로 구분한다. L0는 비자동, L1은 특정 기능 제한적 자동화, L2는 조합 기능 자동화, L3는 제한적 자율 운행 자동화, L4는 완전 자율 운행 자동화 단계다. 여기서 '운전자의 개입이 없는 L3~L4 수준의 자율주행을 하는 도중 사고가 발생하는 경우, 운전자의 책임이 아닌 자동차 제조사에 책임을 물을 수 있는가?' 하는 문제가 제기되고 있다.

자율주행차 구글카Google Car는 2012년 이래로 시험 주행에서 한차례의 사고도 없었다. 이에 곧 상용화될 것이라는 밝은 전망이 예상되었으나, 2016년 2월 버스와 접촉 사고를 일으켰다. 구글이 구글카의 과실을 처음 시인한 사건이었다. 그동안 구글은 구글카의 모든 교통사고가 '상대방 측 책임'이라고 주장했기 때문이다.

2016년 5월, 테슬라의 자율주행차 모델S를 자율주행 모드로 운전하던 운전자가 사망하는 교통사고가 발생했다. 사고 원인은 모델S가 햇빛 반사로 흰색 트레일러를 인식하지 못했고, 운전자가 운전대에서 손을 떼고 영화를 보는 중이었기 때문이었다. 테슬라는 자율주행 모드가 완벽하지 않기 때문에 핸들을 잡고 전방을 주시해야 한다는 고지를 하고 있으며, 테슬라가 자율주행 모드로 1억 5,000만km를 주행한 이후 발생한 첫 사고라고 주장했다. 이에 '자율주행 중 사고 발생이 불가피한 경우, 자율주행차에는 어떠한 우선순위가 적용되어야 할 것인가?'를 놓고 논란이 되고 있다. 영국 철학자 필리파 풋Philippa Foot이 제기한 트롤리 딜레마The Trolley Dilemma를 자율주행차 문제에 적용하면 다음과 같은 논란의 상황을 예상해볼 수 있다.

1) 전방에 10명이 무단 횡단을 하고 있다. 그대로 직진하면 10명을 치

게 되고 급하게 우회전할 경우 보도에 있는 1명을 치게 된다.

2) 1명이 무단 횡단하는 상황이다. 직진 시 무단 횡단자를 치게 되고, 우회전 시 탑승자가 사망한다.

3) 10명이 무단 횡단을 하고 있다. 직진 시 10명을 치게 되고, 우회전 시 탑승자가 사망한다.

자율주행차의 판단 기준과 관련하여 MIT 미디어랩MIT Media Labs은 '모럴 머신Moral Machine'이라는 사이트에서 다양한 트롤리 딜레마 상황을 제시하고 참여자들이 양자택일을 하는 형식의 설문으로 대중의 의견을 모으고 있다. 예를 들면 앞서 살펴본 논란의 상황에서 무단 횡단하는 사람이 남자 또는 여자, 혹은 임산부나 애완동물인 경우 누구를 칠 것인지 선택하게 하는 것이다. 이와 관련해 실제 자율주행차량은 트롤리 딜레마에 따라 사전에 정의된 규칙을 따르기보다는 머신러닝을 통해 주변 상황을 확률적으로 학습하게 된다. 한편, '누구를 죽여야 하는가?'가 아닌 '이 순간에 가장 위험한 일은 무엇인가?'를 묻고, 가장 위험한 일을 피하도록 하는 것이 가장 현실적인 해법이라는 의견도 있다.[*]

2017년 EU 의회는 AI 로봇의 법적 지위를 '전자 인간electronic person'으로 인정하는 결의안을 의결했다. 이후 본회의에서는 로봇 관련 법률적·

---

[*] 〈KB지식비타민〉 2017-20호 참고

윤리적 규정을 권고하는 결의안을 통과했지만, 찬반양론이 맞서 화제가 된 '기본소득'과 '로봇세tax' 관련 내용은 부결되었다. 이는 로봇의 도입으로 실직자들이 증가할 경우 기본소득 지급을 검토해야 하며, 재원 마련을 위해 로봇세를 도입하자는 내용이다. 로봇세 도입을 반대하는 측에서는 로봇세는 혁신을 저해하며, 로봇의 활용이 새로운 일자리를 제공하는 등 고용과 밀접한 상관관계가 있다고 주장했다.

인공지능이 사회 깊숙이 침투함에 따라 많은 문제점이 나타나고 있지만, 그중에서도 프라이버시 및 보안에 대한 문제가 크게 제기되고 있다. 최근에 확산하고 있는 AI 스피커 등의 프라이버시 문제도 심각하지만, AI 음성비서는 해커가 직접 통제할 수 있을 만큼 보안성이 취약하다고 한다. 또한 검색, 메일, 지도, 캘린더 등 다양한 구글 서비스에 개인정보 설정을 해놓고 정기적으로 사용하는 경우, 구글은 사용자의 위치, 근무지, 검색 내용 등을 취합한다. 구글이 해당 정보를 해석하고 활용할 수 있어 이에 대한 우려도 제기되고 있다.

미국의 AI 정책에서 배울 점

미국은 미래 산업구조의 경쟁력 강화를 위해 AI 분야에 대한 정책적 지원을 아끼지 않고 있다. 미국 정부는 AI에 관련된 정책뿐만 아니라, AI 거버넌스에 대한 대책까지 강구하고 있다. 2019년 발표된 '미국 AI 이니셔티브American AI Initiative'는 연방 차원의 국가 전략으로, 5가지 세부 전략은 다음과 같다.

① 연구 개발 투자 - 미국의 산업, 학계 및 정부의 R&D 생태계를 강화하고, 연구개발 투자에 우선순위를 부여

② 리소스 개방 - AI 연구와 국가 경쟁력 촉진을 위해 연방 데이터, 모델 및 컴퓨팅 리소스를 연구자와 실무자가 접근할 수 있도록 개방

③ 거버넌스 표준화 - 국민의 신뢰를 향상하는 AI 시스템 개발 및 활용 지침 수립과 신뢰 및 상호운용 가능한 AI 시스템의 기술 표준 개발 주도

④ 전문 인력 양성 - AI 관련 견습 및 기술 프로그램과 펠로우십, 과학 · 기술 · 공학 · 수학STEM 분야의 교육 프로그램을 지원

⑤ 국제 협력 - 경쟁 혹은 적대 국가로부터 미국의 이익을 보호하고, 경제적 안보를 위한 행동 계획 및 이행

또한 이를 위한 8대 실천 계획으로 '장기 투자' '인간과 AI의 협업' '윤리 및 법의 사회적 영향 재고' '안전 및 보안 확보' '데이터세트data set 및 환경 조성' '표준 및 벤치마킹' '유능한 인력 양성' '민관 파트너십 함양'을 제시했다.

2020년에는 'AI 애플리케이션 규제에 관한 가이드'를 제안했다. AI 애플리케이션의 설계, 개발, 배치 및 운영에 대한 규제와 비규제 접근 방식을 마련할 때 고려해야 할 원칙Principles for the Stewardship of AI Applications을 담고 있다. 여기에 해당하는 10가지 원칙은 다음과 같다.

① AI에 대한 정부의 규제 및 비규제 접근 방식은 정적이고 견고하며, 신뢰할 수 있는 AI 애플리케이션을 장려

② 정부는 국민에게 국가 표준에 대한 정보 공개와 함께 국민의 인식을 촉진하고 참여 기회를 제공

③ 정부는 AI 애플리케이션 결과를 투명하게 설명해야 하며, AI 시스템 훈련용 데이터의 품질을 보장

④ 정책 및 규제는 트레이드오프tradeoff가 존재하므로, 위험 기반 접근 방식을 통해 리스크risk의 수용 가능 여부를 결정

⑤ AI 애플리케이션 개발과 관련된 규정을 고안하기 전에 사회적 비용과 혜택 및 분배 효과를 신중히 고려

⑥ 정부는 AI 애플리케이션의 신속한 업데이트에 적응할 수 있는 성과 기반의 유연한 접근 방식을 추구

⑦ 법에 위반되거나 문제의 여지가 있는 AI 응용 프로그램의 결과 및 결정과 관련해 공정성 및 차별 금지 문제를 고려

미국의 국가 AI R&D 전략 계획 체계

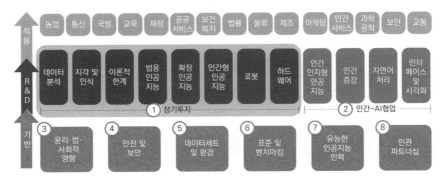

자료: KDI 경제정보센터, 'National Science and Technology Council(2019)' 재구성

⑧ 규제 수립 프로세스 개선 외에도 투명성과 공개는 AI 애플리케이션에 대한 대중의 신뢰를 향상할 수 있음

⑨ AI 시스템이 처리, 저장, 전송하는 정보의 기밀성과 무결성, 가용성을 보장하기 위한 통제, 사이버 보안 위험, 시스템 악용을 방지하는 방안 고려

⑩ 연방 정부는 서로 협력하여 AI 정책의 일관성과 예측 가능성을 보장하는 동시에 개인정보 보호, 시민의 자유 등의 가치를 적절히 보호

미국은 5G와 AI 분야에서 중국과 경쟁적인 위치에 있다. 인공지능의 품질은 데이터의 양과 관계가 있다고 한다. 따라서 혹자들은 인구가 14억

5,000만 명인 중국이 인구가 3억 3,000만 명인 미국에 비해 AI 수준이 더 높을 거라는 추측을 한다. 심지어는 중국은 모든 국민을 안면인식으로 식별할 수 있는 수준에 도달했다고 말한다. 과거 중국 및 러시아 등의 사회주의 잔재가 남아있는 국가들은 반체제 인사를 감시하기 위해서 교통카드를 도입했다는 이야기까지 있었다. 교통카드 데이터를 통해 개인의 이동 경로나 모임 장소를 추적할 수 있기 때문이다. 그렇다면 중국의 AI를 통한 안면인식 기술의 개발이 빅브라더big brother 관점에서 이루어졌을지도 모른다. 그러나 미국은 무작정 AI 기술을 발전시키기보다는 위에서 열거한 각종 AI 거버넌스를 통해 균형 있는 디지털화 정책을 추진하고 있다. 우리나라도 AI 기술 확산에만 중점을 두지 말고 거버넌스 측면에도 정부가 깊이 관여하기를 기대한다.

어디에도 소속되지 않고 자유롭게 일하는 인디펜던트 워커의 시대

#1 L그룹은 해외 대학에서 박사 학위를 받고 마이크로소프트, 애플 등과 같은 미국 IT 업체에서 수년간 근무한 인재에게는 5억 원 이상 연봉을 주는 임원급 대우를 할 의지가 있는 것으로 알려졌다. 실례로, 국내 대학에서 데이터 분석을 전공한 30대 박사급 인재가 L그룹 인공지능 연구원으로 입사한 일이 있다. AI 분야 스타트업에서 2년 여를 근무한 그의 연봉은 사이닝보너스signing bonus와 인센티브를 포함해 1억 4,000만 원으로 책정되었다. 이는 4대 그룹 주요 계열사 과장의 초봉이 6,000만~7,000만 원임을 감안하면 2배가 넘는 액수라고 할 수 있다.

#2 한국의 실리콘밸리라고 불리는 판교에서는 IT 개발자 연봉 경쟁이 치열하다. 게임 회사 넥슨은 신입 프로그램 개발자의 연봉을 5,000만 원으로 책정했다. 잘 나가는 업체의 5년 경력 개발자의 연봉은 1억 원 수준이다. 코로나19로 언택트 산업이 폭발적으로 성장하면서 개발자의 수요가 증가하고 있다. 연구에 따르면 올해 1만여 명, 내년에는 1만 5,000여 명의 IT 개발자가 부족하다고 예측한다.

#3 독일 메르세데스 벤츠는 2022년 말까지 1만 명 수준의 직원을 감원할 예정이다. 독일 아우디는 2025년까지 전 직원의 10%에 해당하는 약 9,500명을 감원하겠다고 밝혔다. 자동차 산업이 전기자동차, 자율주행 기술 등으로 전환됨에 따라 조직의 구조조정은 불가피하다. 특히 자동차 부품 업계의 구조조정은 더욱 심각하다. 전기자동차 등장에 따라 기존 자동차 부품의 절반이 없어지며, 기존 자동차의 가장 중요한 부품인 엔진도 사라진다. 따라서 많은 부품 회사가 사라지고, 관련된 일자리 역시 없어질 전망이다.

디지털 사회로 전환되면 가장 영향을 많이 받는 분야는 일자리다. 글로벌 기업은 AI 인재 찾기에 혈안이 되었으며, 일반 IT 기업도 프로그램 개발자 구하기가 '하늘의 별 따기' 수준이다. 한편에서는 캐셔cashier가 로봇으로 대체되고, 콜센터 상담원이 챗봇으로 전환된다. 인공지능이 반복적인 수작업을 하는 일자리를 대체할 전망이다. 이 와중에 2030세대는 취업이 안된다고 아우성을 치고 있다.

세계경제포럼에서는 직업을 '사라지는 직업' '존속하는 직업' '새로 등장하는 직업'으로 구분한다. 사라지는 직업은 주로 반복되는 수작업을 하는 직업이고, 존속하는 직업은 창의적인 직업이며, 새로 등장하는 직업은 디지털 분야의 직업이다. 기업들은 직원들의 디지털 리터러시 강화를 위해 리스킬링reskilling과 업스킬링upskilling을 활성화하고 있다.

최근 긱경제의 바람을 타고 인디펜던트 워커independent worker 시대가 열리고 있다. 코로나19 초창기 유행했던 원격 재택근무는 효용성에 대해 부정적인 의견이 지배적이다. 디지털 시대에는 산업과 함께 모든 일자리가 리스트럭처링 된다는 것을 명심하자.

과거와 달리 AI 인력이 대접받고, IT 개발자 연봉이 상승하고, 자동차 산업 종사자가 구조조정을 당하는 이 모든 현상은 바로 디지털 사회로의 전환과 포스트 팬데믹 시대를 향한 전조 현상에 불과하다. 이것만 기억하자. 장차 직업은 3가지로 분류된다. 그것은 바로 사라지는 직업, 살아남는 직업, 새로 등장하는 직업이다.

늘어나는 취업난, 디지털 분야는 인력 부족!

취업난은 최근 수년간 지속되고 있다. 일명 'SKY'라고 불리는 국내 명문대를 나와도 취업은 쉽지 않다. 공공기업 및 대기업에 취업하기 위해서는 흔히 말하는 '삼수'는 각오해야 한다. 공무원 시험에도 많은 사람이 도전한다. 9급 공무원에 합격한 후 7급 공무원 시험을 준비하기도 한다. 여성인 경우 취업 환경이 더욱 열악하다. 물론 힘든 준비 끝에 대기업에 취업하면 초봉이 5,000만 원 수준이다. 결국 이렇게 취업한 사람과 미취업자 간의 격차는 더욱 벌어진다. 그러나 디지털 관련 분야에서는 인력이 부족하다고 아우성을 치는 형편이다.

취업난의 원인은 2가지로 요약된다. 첫 번째는 정부의 인력 수요 예측에 따른 효과적인 정책 수립 및 홍보 부족이다. 과연 디지털 인력 수급은 고용노동부, 4차 산업혁명위원회, 교육부, 과학기술정보통신부 등의 정부조직 중에서 누구의 역할인가? 즉 정부 차원의 디지털 거버넌스 정책이 없는 것이다. 두 번째는 취업을 희망하는 미취업자 개인의 문제다. 대학을 갓 졸업한 취업준비생은 대부분 '더 이상 공부는 지겨워서 못하겠다'고 말한다. 급변하는 시대에 적응하기 위해 새로운 분야에 도전하는 일은 젊은이에게 소중한 기회이다. 그러나 젊은이들은 더 이상 '머리 쓰는 일'은 싫다고 한다.

요즘은 디지털에 관련된 새로운 분야를 배우기에 좋은 환경이다. 빅데이터, JAVA, 파이썬, AWS^{Amazon Web Service}, 블록체인 등의 프로그램은 6개월간 정부 지원으로 무료 교육을 받을 수 있다. 교육 수료 후에는 해당 분야의 전문 벤처기업에 취업할 수 있으며, 몇 년간의 실무 경력을 쌓으면 중견기업이나 대기업으로 이직이 가능하다. 최근에 현대자동차그룹, 삼성그룹 등은 신입사원 공채 제도를 폐지했다. 이들은 필요하면 경력자를 채용하겠다고 밝혔다. 올해 대기업들 중 30% 수준만 신입사원 공채를 한다고 한다. 이러한 추세는 현재 대학의 교육 커리큘럼이 디지털 시대의 현실과 동떨어져 있다는 것을 의미한다. 최근 대학에서는 디지털 시대를 준비하기 위해서 전교생에게 교양 과목으로 파이썬 언어를 가르친다. 그러나 그것이 전부는 아닐 것이다.

이제 국내에서도 빅데이터 산업은 성숙기에 진입할 예정이며, 인공지능은 성장기에 진입하려고 한다. 따라서 빅데이터와 인공지능은 마치 대학 졸업생이 갖춰야할 '미덕'처럼 여겨진다. 그러나 대부분의 사람들은 빅데이터와 인공지능은 어렵다고 생각한다. 사실 빅데이터와 인공지능 자체가 어려운 것이 아니라, 이를 배우기 위한 선행 학습 단계인 통계학과 고등수학이 어렵다. 따라서 빅데이터를 다루기 위해서는 중간 수준의 통계학 교육과 데이터 조작을 위한 SQL^{structured query language} 교육이 수반되어야 한다. 인공지능 역시 수학적인 기반이 필요하다. 이는 미분, 편미분, 행렬, 벡터, 함수, 확률 등과 같은 것이다. 최근에는 《인공지능을 위한 수학》《친절한 딥러닝 수학》《파이썬 기반의 AI를 위한 기초수학, 확률 및 통계》《머신 러닝을 위한 수학》 등 인공지능을 위한 수학적 기초를 배울 수 있는 도서들이 출간되고 있다. 또한 직장인 대상 교육기관인 '패스트 캠퍼스'에서 선보이는 〈수학적으로 접근하는 딥러닝〉과 같은 교육과정은 인공지능을 배우려는 직장인에게 인기가 높다.

발 빠르게 디지털 인력을 확보하라

국내 기업들이 경쟁적으로 AI 도입을 서두르면서 인재 선점을 위한 쟁탈전이 가열되고 있다. 자동차, 전자, 통신, 인터넷 등 모든 산업에서 지능형 및 맞춤형 서비스를 하기 위해서는 인공지능의 알고리즘이 반드시 필요한 상황이다. 따라서 산업 내에서 기업의 경쟁력을 강화하려면 데이터 기반의 분석이 필요하며, 인공지능은 기업 연구 개발의 첫 번째 요소이다. 기업이 한번 경쟁력을 잃게 되면 이를 만회하는 것은 쉽지 않다.

최근 정부에서 불을 지핀 데이터 관련 산업 역시 마찬가지다. 디지털 뉴딜, 데이터 경제 3법, 마이데이터, 데이터 댐, 공공 빅데이터, 데이터 기반 행정, 디지털 집현전, 디지털 정부 혁신 등 정부가 펼치는 정책으로 인해 데이터 가공, 빅데이터 분석, 시각화 등 데이터 분야에 관련된 인력 수급 역시 원활하지 못하다. 수년 전부터 추진된 빅데이터는 공공 및 민간 부문에서 괄목할 만한 성과를 보이고 있다. 따라서 정부는 디지털 전환의 추세에 발맞추고, 코로나19에 따른 경기 침체를 만회하기 위해서 국가 차원에서 데이터 산업에 집중하고 있다.

또한 디지털 기술에 관련된 인력은 AR · VR, IoT, 클라우드, 블록체인, 5G, 드론 등 다양한 분야에 걸쳐 수요가 폭발하고 있다. 2000년대를 전후로 일명 '묻지 마 투자'가 유행하던 시대에는 단지 인터넷이라는 기술 하나가 사회를 흔들었다면, 오늘날에는 그 당시보다 10배에 달하는 기술들이 우후죽순 등장하고 발전하고 있다.

맥킨지McKinsey 컨설팅의 설문조사에 따르면, 직장인의 90%가 이미 기술 격차를 경험하고 있거나 5년 이내에 경험할 것이라고 대답했으며, 기업은 새로운 기술 기반의 업무 능력을 갖춘 인재 영입에 어려움을 겪고 있다고 밝히고 있다. 이를 극복하는 방법은 리스킬링과 업스킬링이다. 리스킬링은 다른 업무를 수행할 수 있도록 새로운 기술을 배우는 것이고, 업스킬링은 같은 일을 더 잘하거나 복잡한 역할을 수행할 수 있도록 숙련도를 높이는 것이다.

맥킨지 컨설팅의 'Global Survey 2020'에 따르면, 기술 격차를 해소해야 할 필요성이 높은 영역은 데이터 분석[43%], IT 관련 역량[26%], 경영진 관리

업스킬링으로 기대할 수 있는 성과 항목에 "매우 효과적이다"라고 응답한 비율

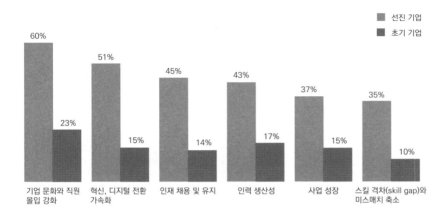

자료: PwC, '23rd Annual Global CEO Survey(2020)', HR블레틴 재인용

25%, 인사 및 인재 개발23%, 판매 및 마케팅 운영22%, 제품 및 서비스 디자인22%, 연구 개발18%, 일선 운영 인력 관리16%, 고객 서비스15%, 금융 및 위기 관리14%, 채널 관리14%, 생산 및 제조 관리13%, 자원 조달 및 공급망 관리9% 순으로 나타났다.

PwCPricewaterhouseCoopers의 설문조사에 따르면 업스킬링을 시도한 기업은 기업 문화와 직업 몰입도 강화, 디지털 전환 가속화, 인력 생산성 증대, 기술 격차 완화 등의 측면에서 긍정적 효과가 있다고 한다. 리스킬링과 업스킬링은 실업 문제와 인력 부족 현상을 해결하기 위해 기업과 직원 모두가 노력해야 할 과제이다. 그러나 PwC의 같은 설문조사에서, 직원들을 리스킬링하고 업스킬링할 때 겪는 어려움으로 교육 시간의 부족[55%], 직원 개개인에게 적합한 프로그램 제공의 어려움[46%], 교육 비용의 문제[19%] 등이 있는 것으로 나타났다.

리스킬링과 업스킬링을 위한 핵심 방안은 기업에서 인력의 보유 기술, 관심 영역, 학습 역량 등을 분석해 전략적인 기술 격차를 확인하고, AI 기반 디지털 큐레이션 기능을 통해 직원 개개인의 인사 정보, 관심 영역, 학습 수준 등을 고려한 맞춤형 콘텐츠 제공을 하는 것이다. IBM은 MYCA^{My Career Advisor}를 통해 직원의 현재 역량과 업무 경력을 기반으로 이동 가능한 커리어 옵션^{career option}을 추천하고, 필요한 기술 교육을 제안하는 '맞춤형 경력 코칭 서비스'를 하고 있다. 또한 MOOC^{massive open online courses}를 적극적으로 활용해야 한다. MOOC의 대표적인 기관은 코세라^{Coursera}, 유다시티^{Udacity}, 에덱스^{Edx}, 퓨처런^{Future Learn} 등이다. 미국의 통신회사 AT&T는 유다시티를 통해 2,200여 명의 직원에게 컴퓨터 사이언스 강의를 제공했다. IBM은 '블루 매칭^{Blue Matching}'을 통해 담당 업무를 변경하고자 하는 직원에게 현재 근무지, 급여 수준, 역할, 경력 등을 고려하여 이동 가능한 사내 직무를 예측해 주는 서비스를 제공하고 있다. 싱가포르개발은행^{DBS}은 AI 기반 학습 도구를 활용해 13가지의 새로운 직무를 소개하고, 리스킬링을 통해 500여 명의 콜센터 직원들에게 새로운 직무를 제공했다.

DBS의 13가지 신설 직무 유형은 소셜 미디어 관계 관리자, 라이브 채팅 에이전트, 고객 경험 설계자, 수요 관리자, 모바일 앱 개발자, 비즈니스 인텔리전스business intelligence 주도자, 콘텐츠 제작자, 지식 플랫폼 설계자, 음성 생체 인식 전문가, 자연어 처리 엔지니어, 스크럼 마스터scrum master, 디지털 전도사, 비디오 출납기 서비스 관리자이다. 이처럼 리스킬링을 통해 주어지는 새로운 임무는 기존에 존재하던 평범한 업무가 아니다. DBS 는 이를 통해 매년 400만 건 이상이던 고객센터 통화량을 12% 감소시켰고, 콜센터 직원과 통화를 하기 위해 고객이 장시간 대기해야만 하는 고질적 문제를 개선했다. 저자의 컨설팅 경험에 미루어 기업 및 공공기관 조직원에게 공통적으로 추천하고 싶은 업스킬링 주제는 '조직 내 데이터베이스의 데이터를 가공하고 분석하며 이를 시각화하는 데이터 분석 기술'이다.

미래의 일자리를 알아보자

디지털 산업구조가 개편됨에 따라 기존의 직업군 중 일부는 사라지게 되며, 디지털 기술과 관련된 새로운 직업이 등장할 것이다. 디지털 시대에는 기존 일자리가 인공지능 또는 로봇에 의해 대체될 것이라는 전망은 이미 알려진 사실이다. 최근 맥도날드에서 주문을 하려면 '맥딜리버리' 앱을 사용하거나 매장의 키오스크를 이용해야 한다. 이미 주문 담당 직원이 사라진 것이다. 조만간 식당에서 음식을 테이블에 가져다주는 홀 서빙 직원 역시 로봇이 대체할 것이다. 문제는 이러한 노동 집약적인 업무의 일자리가 사라지는 것뿐만 아니라 고급 인력이 필요한 일자리 역시 사라진다는 점이다.

스마터 드래프터Smarter Drafter는 호주의 법률 IT 업체이다. 이 회사는 아마존이 개발한 인공지능 플랫폼 알렉사Alexa를 기반으로 '가상 변호사'를 개발하고 있다. 가상 변호사는 '리얼 휴먼 리즈닝RHR, real human reasoning' AI 엔진을 활용하여 변호사처럼 질문한 후 문맥과 사실, 관할 법원, 판례 등이 담긴 법률 문서를 자동으로 작성한다. 이는 당장 신참 변호사의 역할을 빼앗을 수도 있는 위협적인 일이다. 스마터 드래프터의 가상 변호사는 호주 내 150여 개 로펌에서 사용된다. 또한 향후 기업 및 가정용 음성 비서를 출시하여 모든 법률 문서를 작성하도록 기능을 갖출 예정이다. 스마트 드래프터의 가상 변호사는 사람 변호사와 협업하며 직접 전화도 받는다. 고객은 인공지능과 통화하는지 사람과 통화하는지 구분하지 못하게 될 것이다. 또한 이제 회사원이 MS워드 작업을 컴퓨터에 맡기게 되는 날도 올 것이다.

일반 기업과 관공서는 반복적인 수작업을 RPA를 통해 수행한다. 한 대형 은행은 고객 불만 프로세스를 재설계하고 85개의 소프트웨어 로봇 또는 봇bot을 투입해 13가지 프로세스를 운영하고 연간 150만여 건의 불만 접수를 처리했다. 그 결과 은행은 230명의 정규직 직원에 준하는 처리 능력을 추가로 확보했고, 더 많은 직원을 고용하는 경우와 비교해 약 30%의 비용 절감을 달성했다. 이러한 사례는 RPA 활용이 더는 먼 미래의 이야기가 아니라는 것을 입증한다.

세계경제포럼WEF, World Economic Forum은 미국 뱅크오브아메리카BOA와 영국 옥스퍼드대 연구팀이 조사한 〈직업의 미래The Future of Jobs〉라는 보고서를 발행했다. 이 보고서에서는 2022년까지 약 7,500만 개의 일자리가 사라지고, 2025년에는 인공지능이 업무의 52% 이상을 맡을 것으로 전망한다. 물론 이러한 내용은 좀 성급한 면이 있지만, 일자리 추세에 대한 방향성은 맞다고 판단된다. 이 보고서의 일자리 동향에 대한 중요한 내용을 요약하면 다음과 같다.

● 초등학교에 들어가는 아이들의 65%가 현재는 존재하지 않는 새로운 형태의 직업을 가지게 될 것이다.
● 반복적 업무를 하는 화이트칼라 사무 관리직이 앞으로 없어지는 직업의 3분의 2를 차지할 것이다.
● 새로운 일자리는 컴퓨터, 수학, 건축, 엔지니어링 분야에서 생겨난다.

보고서에서는 앞으로 주목해야 할 직업으로 데이터 분석가data analyst와 전문 세일즈맨specialized sales representatives을 꼽았다. 빅데이터가 키워드인 비즈니스 환경에서 '데이터를 어떻게 분석하고 의사결정 지원을 할 것

모든 산업에서 안정적이고, 새롭고, 중복되는 역할의 예

안정적인 직업	새로 등장하는 직업	사라지는 직업
· 관리 임원 및 최고경영자	· 데이터 분석가 및 과학자	· 데이터 입력 담당자
· 일반 및 운영 관리자	· AI 및 기계학습 전문가	· 회계, 부기 및 급여 담당자
· 소프트웨어 및 애플리케이션	· 일반 및 운영 관리자	· 행정 및 행정 비서
개발자와 분석가	· 빅데이터 전문가	· 조립 및 공장 근로자
· 데이터 분석가 및 과학자	· 디지털 혁신 전문가	· 고객 정보 및 고객 서비스 직원
· 영업 및 마케팅 전문가	· 영업 및 마케팅 전문가	· 비즈니스 서비스 및 관리 매니저
· 판매 담당자, 도매 및 제조,	· 신기술 전문가	· 회계사 및 감사인
기술 및 과학 제품	· 조직 개발 전문가	· 자재 기록 및 재고 관리 사무원
· 인사 전문가	· 소프트웨어 및 애플리케이션	· 일반 및 운영 관리자
· 재무 및 투자 고문	개발자 와 분석가	· 우편국 사무원
· 데이터베이스 및 네트워크 전문가	· 정보 기술 서비스 전문가	· 재무 분석가
· 공급망 및 물류 전문가	· 프로세스 자동화 전문가	· 계산원 및 매표원
· 리스크 관리 전문가	· 혁신 전문가	· 기계 및 기계 수리점
· 정보 보안 분석가	· 정보 보안 분석가	· 텔레마케터
· 관리 및 조직 분석가	· 전자상거래 및 소셜 미디어 전문가	· 전자 통신 설치 업체 및 수리 업체
· 전기 기술 엔지니어	· 사용자 경험과 인간-기계 상호작용	· 은행 정보원 및 관련 직원
· 조직 개발 전문가	설계자	· 자동차, 밴, 오토바이 운전자
· 화학 처리 공장 운영자	· 교육 및 개발 전문가	· 판매 및 구매 대행사와 브로커
· 대학 및 고등교육 교사	· 로봇 전문가 및 엔지니어	· 방문판매직, 뉴스 및 노점상,
· 컴플라이언스 담당자	· 사람과 문화 전문가	관련 종사자
· 에너지 및 석유 엔지니어	· 고객 정보 및 고객 서비스 직원	· 통계, 재무 및 보험 사무원
· 로봇 전문가 및 엔지니어	· 서비스 및 솔루션 설계자	· 변호사
· 석유 및 천연가스 정제공장 운영자	· 디지털 마케팅 및 전략 전문가	

자료: WEF 〈직업의 미래〉

인가?'가 중요하기 때문에 데이터 분석가의 수요는 무궁무진하다. 또한 새롭게 등장하는 디지털 관련 제품과 서비스를 전문 지식으로 소개하고 고객을 설득해 거래를 성사시킬 수 있는 전문 세일즈맨은 기업에 필수적인 인력이다. 덧붙여 산업 측면에서는 에너지, 미디어, 엔터테인먼트, 정보 등의 분야가 유망하다고 전망했다.

2018년과 2022년 기술 수요 비교

2018년 요구 역량	2022년 역량 트렌드	2022년 감소 추세 역량
분석적 사고와 혁신	분석적 사고와 혁신	손재주, 인내력, 정밀성
복잡한 문제 해결	능동적 학습 및 학습 전략	기억력, 언어, 청각 및 공간 능력
비판적 사고 및 분석	창의성, 독창성 및 주도권	재무, 자재 리소스 관리
능동적 학습 및 학습 전략	기술 설계 및 프로그래밍	기술 설치 및 유지 관리
창의성, 독창성 및 주도권	비판적 사고 및 분석	읽기, 쓰기, 수학, 듣기
세부 사항에 대한 주의, 신뢰도	복잡한 문제 해결	인력 관리
감성지능	리더십 및 사회적 영향	품질 관리 및 안전 의식
추론, 문제 해결 및 아이디어화	감성지능	조정 및 시간 관리
리더십 및 사회적 영향	추론, 문제 해결 및 아이디어화	시각, 청각 및 음성 능력
조정 및 시간 관리	시스템 분석 및 평가	기술 사용, 모니터링 및 제어

자료: WEF 〈직업의 미래〉

이렇게 새로운 일자리가 창출된다면 작업자가 갖추어야 할 업무 역량 job skill 역시 변화될 것이다. WEF의 〈직업의 미래〉에서는 2022년의 역량 트렌드로 분석적 사고와 혁신을 우선으로 꼽는다. 또한 융합 시대에 맞는 능동적 학습 및 학습 전략이 중요하다. 특히 기술 설계 및 프로그래밍, 시스템 분석 및 평가 항목이 추가되었는데, 이는 플랫폼을 지향하는 시대에 필요한 역량이다. 반면에 2022년 감소 추세 역량으로는 손재주, 인내력, 정밀성이 우선으로 꼽히는데, 이는 인공지능이 대체할 수 있는 능력이기 때문이다. 또한 품질 관리, 모니터링 및 제어 등도 마찬가지다. 고용노동부 보고서에 따르면 감성에 기초한 예술 관련 직업은 자동화 대체 확률이 상대적으로 낮은 반면, 단순 반복적이고 정교함이 떨어지는 업무 및 사람들과 소통하는 일은 상대적으로 자동화 가능한 것으로 평가하고 있다.

이제는 인디펜던트 워커의 시대다

맥킨지 글로벌 인스티튜트^{MGI}는 〈인디펜던트 워크, 선택과 필요: 긱경제〉라는 제목의 보고서를 발표했다. 보고서에 따르면 미국과 EU 15개국의 노동 인구 중 20~30%에 해당하는 약 1억 6,200만 명이 인디펜던트 워커로 추산된다고 한다. MGI의 보고서는 인디펜던트 워크를 노동자가 어떤 수입원으로 삼는지, 그리고 자발적 선택인지 아닌지에 따라 크게 4가지로 나누고 있다.

인디펜던트 워커는 디지털 시대의 대세이다. 따라서 검증된 역량을 확보한 사람들은 자발적으로 인디펜던트 워커를 선택하게 된다. 주변에서도 프로그래머나 디자이너, 컨설턴트 같은 경우 외부에서 의뢰하는 업무를 인디펜던트 워커로서 수행한다. 이들은 이러한 부업을 통해서 추가 수입을 확보하며, 동시에 새로운 분야를 경험하고 새로운 도전도 할 수 있다. 인디펜던트 워커는 긱경제의 활성화 및 재택근무의 뉴노멀에 따른 결과로 보인다. 또 노동을 거래하는 마켓플레이스의 등장은 인디펜던트 워커의 증가를 더욱 가속화하고 있다.

인디펜던트 워커의 동기는 수입원을 다변화하는 것이다. 동시에 다양한 자기 발전의 욕구를 충족하기 위한 방안이자, 안전하게 직업 전환의 가능성을 실험해보기 위한 시도이기도 하다. 인디펜던트 워커는 전문성보다

인디펜던트 워커의 유형

	마지못한 자유 노동자 (reluctants)	경제적 필요 노동자 (financially strapped)
비자발적 선택		
자발적 선택	자유 노동자 (free agents)	유연한 부업노동자 (casual earners)

자료: MGI 〈인디펜던트 워크, 선택과 필요: 긱경제〉

탁월성을 강조한다. 전문성이란 시스템이 인정하는 영역에서 오랜 시간을 버텨야 하고, 자격증이나 경력 등을 확보해야 한다. 하지만 '평생직장'이라는 개념이 사라지는 시대에 전문성의 확보는 의미가 줄어들고 있으며, 오히려 현실의 변화를 만들어내는 탁월성이 요구된다. 탁월성은 오랫동안 '이것'과 '저것'을 조합하고, 그 모든 경험을 기반으로 만들어내는 자신만의 역량이자 고유한 스토리^{story}다. 그러나 현재 사회 조직의 제도 및 시스템은 정규직 근로자에 초점이 맞춰져 있다. 따라서 기업 HR 담당자는 인디펜던트 워커를 어떻게 활용할지 고민을 해야 하며, 조직 내 어떤 역할을 인디펜던트 워커에게 의뢰할지 생각해봐야 한다. 그리고 인디펜던트 워커 확보 방안과 이들의 풀^{Pool}을 통해 다양한 직무에서 발생되는 새로운 수요를 해결해야 한다.

기업은 이를 통해 고용을 줄일 수 있다. 인디펜던트 워커를 활용하면 채용으로 발생하는 고정비를 변동비로 전환하는 효과를 볼 수 있다. 조직은 인디펜던트 워커 활용을 통해 고비용의 프로젝트 발주를 감소시킬 수도 있다. 프로젝트 발주를 하면 대개는 시니어 워커 1명에 주니어 워커를 여러 명 포함시켜서 비싼 비용을 청구하기 때문이다. 예를 들면 기업이 클라우드 적용을 시험하기 위해 아마존 AWS로 소규모 파일럿 프로젝트를 개발한다고 하자. 이때, 프로젝트 발주를 내고 정식 용역을 통해 개발할 경우 수억 원이 지출된다. 그러나 인디펜던트 워커를 통하면 수천만 원으로도 간단하고 신속하게 해결할 수 있다.

디지털 리터러시가 중요하다

최근 본격적인 디지털 사회 진입을 앞두고, 디지털 기술의 활용을 위한 디지털 리터러시digital literacy가 강조되고 있다. 리터러시는 문해력이라는 뜻으로, 읽고 쓰고 계산하는 능력을 의미한다. 디지털 리터러시는 '디지털 기술과 커뮤니케이션 도구로 적절하게 정보에 접근하고, 관리하고, 통합하고, 분석하고, 평가하며, 새로운 지식을 구성하고, 창조하고, 타인과 소통할 수 있는 흥미, 태도, 능력MediaSmarts, 2015'이라고 정의할 수 있다.

디지털 리터러시의 요소

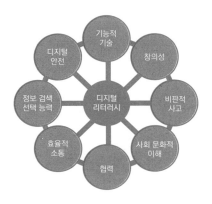

자료: 위키피디아, 〈디지털 리터러시〉(ko.wikipedia.org/wiki/디지털_리터러시)

한국교육학술정보원KERIS의 2019년 연구 보고서에서는 디지털 리터러시를 이루는 기능적 요소로 정보의 탐색, 분석, 평가, 활용, 관리, 소통, 추상화, 생산 및 프로그래밍을 제시하고 있다. 미국과 유럽의 교육 당국은 데이터의 처리, 정보의 검색과 분석, 비판적 사고, 효율적인 의사소통, 디지털 안전, 건전한 시민의식 등을 디지털 리터러시의 요소로 파악하고 있다.

캐나다의 브리티시컬럼비아주는 디지털 리터러시 요소를 6가지로 제시한다.

① 연구 및 정보 리터러시 – 정보 리터러시, 정보 처리 및 관리
② 비판적 사고력, 문제해결, 의사결정 – 앞선 기술의 맞춤 활용 능력

③ 창의성 및 혁신성 – 생각과 지식의 창의적 표현

④ 디지털 시민의식 – 인터넷 안전, 프라이버시 및 보안, 관계 및 소통, 사이버불링cyber bullying, 디지털 지문 및 평판, 자기 이미지 및 정체성, 지적 자산 공유 및 보호, 법적 · 윤리적 책임 의식, 기술을 향한 균형 잡힌 태도, 사회에서 정보통신기술ICT의 역할에 대한 이해와 인식

⑤ 의사소통 및 협동 – 커뮤니케이션 및 협업

⑥ 기술 활용 및 개념 – 일반적인 지식 및 기능적 기량, 일상생활에서의 활용, 정보에 근거한 의사결정, 자기 발전을 위해 기술의 적절한 사용, 디지털 기술에 대한 학습과 디지털 기술을 활용한 학습

그러나 본서를 읽는 기업 및 기관의 의욕적인 종사자라면 다음과 같은 능력을 갖추기를 권고한다.

● 디지털 기술의 이해AI, 빅데이터, IoT, VR·AR, 5G, 챗봇·로봇, 드론 등

● 비즈니스 모델의 이해공유경제, 구독경제, 크라우드 소싱, 블록체인 등

● 산업별 디지털 트랜스포메이션 사례

● 디지털 마케팅 및 디지털 트윈

● 디지털 사회디지털 시대의 일자리, 디지털 윤리, 디지털 관련 정책 등

● 데이터 조작 이론데이터 모델링, SQL, 통계학, 선형분석, 회귀분석 등

- **업무의 활용**비즈니스 모델 개발, 디지털 프로세스 혁신, 고객여정맵 작성 등
- **데이터 리터러시**데이터 가공, MS Power BI 활용 및 시각화·해석 능력 등

일자리뿐만 아니라 업무 환경도 변한다

코로나19 팬데믹은 업무 환경에 큰 변화를 가져왔다. 가장 큰 변화는 직장 및 기관 종사자의 원격근무이다. 팬데믹 초창기에 많은 조직이 원격근무 및 재택근무를 앞다투어 시행했다. 이제는 이에 대한 장단점뿐만 아니라 제도 및 성과 측면도 고려해야 할 때이다. 재택근무를 경험한 조직원을 대상으로 한 설문조사를 보면, '평소와 유사하거나 재택근무가 더 효율적'이라는 응답과 '다소 불편하지만 감내할 수 있는 수준'이라는 응답이 대다수였다. 그러나 이는 재택근무 초창기에 '워라밸work-life balance'을 기대했던 사람들의 의견인 듯하다.

아마존 HR 담당인 아딘 윌리엄스Ardine Williams 부사장은 "원격근무로는 일시적으로 이전처럼 일을 할 수는 있겠지만 결코 자발적인 것은 아니다."라며 "우리는 언젠가 다시 사무실로 돌아갈 것을 기대하고 있다."라고 말했다. 1993년 재택근무를 도입해 '원격근무의 선구자'로 불리던 IBM은 2017년 이를 폐지했다. IBM은 20분기 연속 실적 부진에 대한 원인 중 하나

로 업무 방식을 꼽았는데, 특히 협업과 소통 문제 그리고 생산성의 저하가 가장 큰 이유였다. 특히 보안이 생명인 금융회사는 사무실 복귀에 적극적이다. 데이비드 솔로몬David Michael Solomon 골드만삭스 회장은 "금융업은 직원들 간의 협업이 필수적이라 재택근무는 이상적이지 않다."라고 했다. 넷플릭스의 창업자 리드 헤이스팅스Wilmot Reed Hastings Jr.는 아이디어를 위해서는 구성원이 둘러앉아 토론을 해야 하는데, 비대면으로는 어려움을 느꼈다고 말한다. 이외에 마이크로소프트, JP모건J.P. Morgan 등도 의사소통의 문제로 사무실을 다시 열었다.

고용노동부의 설문조사에 따르면, 재택근무의 어려움으로 '의사소통 곤란'을 뽑은 사람이 62.6%로 가장 많았다. 사무실에서 근무하는 경우 업무 중 생기는 돌발 상황에 신속하게 대처할 수 있으며, 회의를 더 효율적으로 할 수 있다. 커뮤니케이션과 협의에 있어서는 대면 업무가 유리하다. 또한 경력자가 신입사원에게 업무를 가르칠 때도 사무실 근무가 더 편리하다. 기업 및 공공기관의 정보시스템 인프라 측면에서 협업 프로그램을 사용하는 것이 우리 실정에 부적합하고, 기업 외부 지역에서도 통용되는 정보 보안 인프라 조성이 아직 열악하기 때문이다.

Trend 3

소상공인, 위드코로나 돌파하려면 '사업모델'부터 바꿔라

#1 P씨는 부평지하상가에서 부모에게 물려받은 '옷값이 순진합니다'라는 의류점을 운영하고 있다. 코로나19 팬데믹이 불어닥치자 P씨의 상점은 매출이 80% 감소했다. 몇 달을 참고 버틴 그는 더 이상 점포를 유지할 여력이 없게 되었다. 그러던 중 우연히 지인이 라이브 커머스live commerce를 해볼 것을 권유했다. 그는 라이브 커머스 플랫폼 '그립GRIP'을 활용해서 작은 조명과 스마트폰으로 라이브 커머스를 시작했다. 그는 이제 방송 5개월 차인데, 한 번 방송할 때마다 400~600명의 소비자가 참여한다고 한다. 이들과의 소통이 곧 매출로 이어져, 보통 5시간 방송에 400벌의 의류를 판매한다. P씨 외에도 부평지하상가의 몇 개 점포가 라이브 커머스를 활용하고 있다.

#2 국내 언론사인 뉴스타파의 〈조세피난처 프로젝트2013년〉, 한겨레의 〈전두환 재산 찾기 프로젝트2013년〉, 시사인의 〈국정원 해킹팀 프로젝트2015년〉 등이 크라우드 소싱crowd sourcing을 통해 성과를 거둔 바 있다. 특히 〈조세피난처 프로젝트〉는 세금을 부과하지 않는 지역에 서류상으로만 존재하는 페이퍼컴퍼니paper company를 설립한 180명의 명단을 홈페이지에 공개했다. 시민들이 명단의 인물 이름, 회사명, 주소를 보고 제보하면 이를 취재하는 방식으로 진행됐다. 뉴스타파는 이를 통해 100여 건의 제보를 접수했다.

#3 2007년, 미술 큐레이터인 S씨는 예일대학교 박사 학위를 위조해 대학교수로 활동했다. 최근에는 스탠퍼드대학원을 졸업했다는 유명 가수의 학력을 의심하는 동호회가 결성되기도 했다. 이렇듯 국내에서도 학력 위조에 대한 논란이 끊이지 않고 있다. 이에 세종텔레콤은 블록체인 기술을 학사정보시스템에 접목해 미래형 대학교육을 위한 학사정보관리 플랫폼Smart Education Record Platform을 개발했다. 이제 더는 학력 위조에 대한 논란이 없기를 기대한다.

아날로그 시대에는 노동 생산성과 자본 생산성이 사회를 보는 주요 관점이었다. 그러나 디지털 시대에는 비즈니스 모델 생산성이 주류를 이룬다. 디지털 시대에는 우버Uber, 에어비앤비airbnb와 같은 공유경제, OTTOver the Top 서비스 등의 구독경제, 투자비 · 아이디어 · 평가 등을 기반으로 하는 크라우드 소싱, 신뢰를 기반으로 하는 블록체인 모델 등이 추가되었다. 이 외에도 라이브 커머스, 틱톡Tik Tok 및 클럽하우스Clubhouse 같은 콘텐츠 기반의 SNS 모델 등이 속속 등장하고 있다. 이러한 비즈니스 모델은 콘텐츠, 커뮤니티, 상거래, 협력의 4C가 적용된다. 여기서 가장 중요시되는 것은 콘텐츠, 즉 가치제안이다. 아마존의 롱테일 법칙, 킨들Kindle의 무료 콘텐츠, 범블bumble의 여성 위험성 노출 방지, 스타벅스의 사이렌 오더Siren Order, 쿠팡의 로켓배송 등이 가치제안의 사례이다. 비즈니스 모델의 성공은 소비자가 간절히 원하는 욕구를 해결해 주는 가치제안이 핵심 열쇠이다.

라이브 커머스, 크라우드 소싱, 블록체인 등은 떠오르는 비즈니스 모델이다. 이것은 중후장대한 플랫폼을 갖추지 않아도, 기업이나 공공기관 또는 소규모 영세 상인까지도 마음만 먹으면 참여할 수 있는 비즈니스 모델이다. 앞으로 일상에서 활용할 수 있는 더욱 다양한 비즈니스 모델이 등장하고 발전할 것이다.

새로운 가치를 만드는 디지털 생산성

노동 생산성labor productivity과 자본 생산성capital productivity은 경제학 용어다. 노동과 자본을 통해서 가치를 창출하는 것을 뜻한다. 그러나 이러한 용어는 아날로그 시대에 한정된 것이다. 20세기 들어 포드의 컨베이어 벨트conveyor belt 생산 방식, 토요타자동차의 JITJust-In-Time 등은 생산 현장에 엄청난 변화를 가져왔다. 이처럼 노동 또는 자본이 기여하지 않고 새로운 가치를 창출하는 것을 아이디어 생산성idea productivity이라 할 수 있다. 20세기 후반부터 21세기 초반에 걸친 인터넷 및 모바일 비즈니스는 '비즈니스 모델 생산성business model productivity'이 핵심이라고 할 수 있다. 비즈니스 모델을 통해서 새로운 가치가 창출되기 때문이다. 비즈니스 모델은 1994년 제프 베조스Jeff Bezos가 설립한 아마존을 필두로 시작했다고 보면, 벌써 27년의 역사를 지나온 셈이다.

인터넷 시대의 비즈니스 모델은 상점형E-Shop, 조달형E-Procurement, 몰형E-Mall, 경매형E-Auction, 정보 중개형Info Brocker, 보안인증Trust Provider, 가치사슬 서비스 제공Value Chain Service Provider, 가상 커뮤니티Virtual Community, 협력 플랫폼Collaboration Platform, 제3 장터Third Party Marketplace, 가치사슬통합Value Chain Integrator 유형으로 나뉜다. 최근에는 디지털 기술의 발전과 맞물려서 비즈니스 모델도 점점 다양해지고 있다. 이는 공유경

제, 구독경제, 플랫폼 경제, 긱경제, O2O, O4O, 크라우드 소싱, 경험경제, 블록체인, SNS, 라이브 커머스, 스마트시티 등과 같은 것이다.

여럿이 함께 쓰자, 공유경제

우버와 에어비앤비로 인해 대중화된 공유경제sharing economy는 대표적인 비즈니스 모델 유형이다. 공유경제는 전통 경제와 비교할 때 많은 장점을 지닌다. 전통 경제는 자산의 소유, 자원 고갈, 이윤 창출, 경쟁, 과잉 소비의 특징을 갖고 있다. 반면에 공유경제는 유휴 자산의 공유, 자원의 절약, 가치 창출, 신뢰, 협력적 소비를 강조한다. 따라서 공유경제는 전통 경제의 문제점을 보완한다. 공유경제는 자신이 보유한 자산돈, 부동산, 장비, 차량등, 상품, 기술, 시간 등의 유휴 자원을 교환해 사용하고 소비함으로써 자원 활용을 극대화하는 것이다. 최근에 공유경제의 영역은 점차 확대되고 있다. 공유경제의 자원은 다음과 같다.

- 공간 측면 – 여행자 숙소, 사무실 · 회의실, 기숙사, 레스토랑 · 카페, 스튜디오 · 연습실, 식당 주방
- 교통수단 측면 – 자동차, 카풀car pool, 오토바이, 자전거, 킥보드, 요트

공유경제의 비즈니스 모델

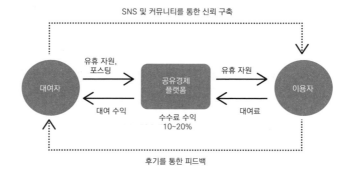

자료: 크라우드산업연구소, '공유경제 이야기' 교육자료, 2013

- 물품 측면 – 의류, 장비·공기·기계, 도서, 유아용품, 스포츠· 캠핑용품
- 정보·서비스 측면 – 지식·경험 공유, 크라우드 펀딩, 인력 중개, 여행

공유경제의 대표적인 주창자 중 한 명인 레이첼 보츠먼Rachel Botsman 은 인터넷을 통해 '협력적 소비'가 가능해졌다는 사실에서 동시대 공유경 제의 특징을 지적한다. 그는 협력적 소비를 '인터넷 이전에는 가능하지 않 았을 방식과 규모로 대여, 교환, 공유, 기증과 같은 전통적 시장 행위를 재 창조하는 체계'로 정의하였다. 한국개발연구원KDI에서 수행한 연구에 따르 면 공유경제의 원칙은 다음과 같다.

- 시장가격에 따라 거래되어야 한다.

- ICT 플랫폼 기술이 활용되어야 한다.

- 중개 거래여야 한다. 플랫폼의 역할은 공유 대상이 되는 자산을 직접 소유하지 않고 자산을 보유한 공급자와 필요로 하는 수요자를 연결하는 것에 한정되어야 한다.

- 서비스 거래여야 한다. 자원의 소유권 이전을 하는 G마켓 등은 공유경제에 해당하지 않는다.

- 공유되는 자산은 유휴 자산^{빈방, 빈 주택 등}이어야 한다. 따라서 공유 자산이 공유 기업 소유인 쏘카 등의 플랫폼은 공유경제 영역에 포함되는지가 논란거리다.

공유경제에 관해 자세히 살펴봐야 하는 이유는, 글로벌 컨설팅 업체인 PwC에서 2025년 전 세계 공유경제 시장이 3,350억 달러^{약 367조 원} 이상 된다고 전망했기 때문이다. 그러나 최근 우버, 쏘카, 타다, 카카오 카풀 등 공유경제 플랫폼을 표방하는 기업에 대한 사회적 논란이 제기되고 있다. 국내에는 아직 공유경제에 대한 법적 뒷받침도 없고 정부는 규제만 해온 탓에 산업 발전이 지지부진한 형편이다. 따라서 현시점에서 공유경제가 국내의 신성장 동력이 되기 위해서는 공유경제 지원을 위한 법안이 발의되어야 한다는 의견이 지배적이다.

공유경제의 제공 서비스에 따른 분류

제공 서비스	거래 방식	공유 자원	공유 기업	
			국외	국내
제품 서비스	사용자들이 제품 혹은 서비스를 소유하지 않고 사용할 수 있는 방식	자동차	Zipcar, Streetcar, GoGet	쏘카, 그린카
		바이크	Velib, Barclays Cycle Hire	푸른바이크 쉐어링
		태양에너지	SolarCity, Solar Centur	
		장난감	DimDom, BabyPlays	희망장난감 도서관
		도서	Chegg, Zookal	국민도서관, 책꽂이
물물 교환	필요하지 않은 제품을 필요한 사람에게 재분배하는 방식	경매	ebay, craiglist, flippid	옥션, G마켓, 11번가
		물물교환	Threadup, Swapstyle	키플, 열린옷장
		무료/상품권 교환	Freecycle, Giftflow	
협력적 커뮤니티	커뮤니티 내 사용자 간의 협력을 통한 방식	공간	AirBnB, Roomorama	코자자, 모두 의주차장
		구인 구직	Loosecubes, Desksnearme	알바몬, 알바천국
		여행 경험	AirBnB	플레이플레닛
		지식 공유	TeachStreet, TradeSchool	위즈돔
		택시	Taxi2, TaxiDeck, TaxiSto	
		크라우드 펀딩	Kickstarter, Indiegogo	씨앗펀딩, 굿펀딩

자료: 경기개발연구원 〈공유경제의 미래와 성공조건〉 2014년

　　인천광역시청은 '공유경제 촉진을 위한 기본계획2020~2024년'을 수립
했다. 이처럼 최근에는 지자체가 공유경제에 관한 정책을 의욕적으로 추진
하고 있다. 서울시의 경우 아파트에 있는 '작은 도서관' 내에서 주민들끼리
서로의 책을 빌려보는 공유 서가 운영을 하고 있다. 또한 미사용 의료 장비
를 공동으로 활용하는 온라인 플랫폼을 구축했다. 그뿐만 아니다. 거주자
우선 주차 구역에 주차 가능 시간대를 등록하고 주차 공간을 공유하는 '스

마트 주차장', 주거 공간에 여유가 있는 노년층과 주거 공간이 부족한 청년층을 매칭해서 일상적인 생활 서비스^{장보기, 외출 지원, 청소 등}를 제공하는 사업 등 다양한 비즈니스 모델을 제시하고 있다.

넷플릭스가 대표적, 구독경제

전 세계인이 즐겨보는 넷플릭스가 바로 구독경제^{subscription economy}의 대표라 할 수 있다. 구독경제는 제품이나 서비스를 구매 및 소유하는 것이 아닌 정기적·지속적으로 비용을 선지불하여 서비스나 제품 경험을 제공하는 비즈니스 모델이다. 따라서 구독료를 지불하면 신문이나 우유를 배달해 주는 것 역시 구독경제 모델의 예이다. 주오라^{Zuora}의 창업주 티엔 추오^{Tien Tzuo}는 "제품 판매가 아닌 서비스 제공을 통한 반복적 수익 창출을 위하여 고객을 구독자로 전환해야 한다."라고 말하며, 이러한 경제 환경을 구독경제라 지칭했다. 2007년 설립된 주오라는 미국의 기업용 구독경제 결재 시스템 및 소프트웨어 솔루션 기업이다.

구독 서비스 품목은 여성·남성 의류, 미용 용품, 면도기, 밀키트, 간식, 커피, 차, 주류, 책, 애견용품, 유아용품, 꽃, 안경, 향초 등 다양한 제품이 포함된다. 구독경제는 코로나19에 따른 팬데믹 여파로 온라인 주문이 폭주하는 상황이다. 미국의 리서치 기관 IMA의 조사에 따르면 미국 온라인 상거래 이용 고객 86%가 구독 서비스를 이용하며, 이들의 50% 이상은 5개 이상의 구독 서비스를 이용하고 월 50달러 이상을 지출한다고 한다. 2012년부터 2018년까지 구독경제 서비스 기업은 연간 약 18%씩 성장했다. 특히 OTT 분야와 원격 화상 서비스 분야는 가입자가 급격하게 증가했다.

구독 서비스 모델 유형은 기간제 사용권 계약, 콘텐츠 및 서비스 이용, 개인에 맞춘 상품 배송, 기간제 대여, 상품 정기배송 등 상품 종류와 고객에게 전달하는 방식, 그리고 기간에 따라 다양하게 구분된다.

● 구독 상자subsciprtion box: 특정한 테마로 묶인 제품을 상자에 담아 소비자에게 배송해 주는 형태의 구독 서비스로, 다음 회차에 자동 결제가 되는 결제 옵션을 제공한다. 구독 상자가 가능한 품목으로는 미용 용품, 식료품, 의류, 생활용품, 애완용품, 아동용품 등이 있다. '스티치 픽스stitch fix'는 퍼스널 스타일 서비스를 신청이용료 20달러하면 온라인을 통한 설문조사를 거쳐 스티치 픽스 스타일리스트가 설문 응답 내용을 토대로 고객 취향에 맞게 선정한 5개 아이템을 박스에 담아 고객에게 보내게 된다. 이 과정을 '픽스fix'라고 부른다. 고객은 3일 내 원하는 아이템을 골라 구매할 수도 있고, 전체 반품도 할 수 있다.

● 멤버십membership: 소비자가 회원료 또는 구독료를 정기적으로 지

불하고 상품 및 서비스를 제공받는 방식이다. 대표적으로 피트니스 센터가 있다. 아마존 프라임^{Amazon Prime}은 미국 내 1억 2,000만 명 이상이 연간 이용료 119달러를 지불하고 이용한다. 아마존 프라임 멤버십의 재연장률은 90% 수준이다. 유튜브 프리미엄 서비스도 대표적인 멤버십 모델이다.

- 구독 할인^{subscribe and service}: 고객이 구독 서비스 이용 시 가격 할인 또는 무료 배송 등의 혜택을 제공하는 서비스다.

- 미디어 및 스트리밍 구독 서비스^{media streaming}: 인터넷, 방송, 영화, 음원, 출판물 등 다양한 디지털 미디어 스트리밍을 제공한다. OTT가 구독 서비스의 45% 이상의 비중을 차지한다. 넷플릭스는 영화 및 드라마의 온디맨드^{on-demand} 스트리밍 구독 서비스로 전 세계에 9,000만 명의 고객을 확보하고 있다. 킨들은 전자책 구독 서비스로 300만 명이 사용한다.

- 소프트웨어 구독 서비스^{SaaS, Software as a Service}: 클라우드를 통해 소프트웨어를 제공하는 방식이다. 대표적인 예가 세일즈포스^{Salesforce}로, 클라우드 기반의 고객 관계 관리^{CRM} 솔루션을 제공한다. 마이크로소프트의 오피스 365, 아마존 AWS 등이 해당된다.

최근 미국에서는 산업용 제품의 구독 서비스 모델 전환이 증가하는 추세이다. 전구, 타이어, 차량, 항공기 엔진 등을 기업이 투자를 통해 자산으로 확보하는 것이 아니라 구독 서비스를 통해 비용으로 처리하는 것이다. 이렇게 구독경제가 점차 확산하는 이유는 제한된 자원과 비용으로 최대한의 만족을 얻기 위한 것이라고 할 수 있다. 즉, 점차 효용성을 중요하게 여기는 것이다. 앞으로 구독경제는 더욱 성장할 전망이다.

고객이 직접 참여한다, 크라우드 소싱

크라우드 소싱은 대중crowd과 아웃소싱outsourcing의 합성어로, 2006년 〈와이어드Wired〉 잡지가 만든 신조어다. 크라우드 소싱은 불특정 다수의 사람들이 참여해 기업이 필요로 하는 아이디어를 고안하고 문제를 해결하거나, 재원 및 자원을 확보하는 방식이다. 이는 혁신의 생산 속도와 방향성이 중요해지면서, 고객을 혁신의 주요 과정에 참여하도록 만든 것이다. 일종의 오픈 이노베이션open innovation 또는 유저 이노베이션user innovation이라 할 수 있다. 크라우드 소싱의 참여 동기는 금전적 보상 등의 외적 동기와 재미, 지적 도전 등의 내적 동기로 나눌 수 있다. 크라우드 소싱은 최근 기업 간 경쟁이 심화되면서 기존의 내부 혁신 능력만으로는 필요한 혁신의 속도와 양에 대응하기 어려워, 이를 해결하는 방안으로 집단 지성collective

크라우드 소싱 개념도

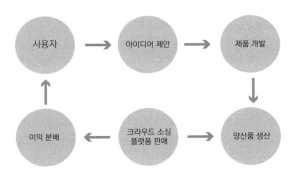

intelligence을 활용하는 것으로 봐야 한다. 해외에서는 크라우드 소싱 플랫폼을 통해 이러한 목적을 달성하기도 한다.

크라우드 소싱 배경으로는 프로슈머prosumer, 프리슈머presumer, 가이드슈머guidesumer, 커스트오너custowner 등을 알아둘 필요가 있다. '프로슈머'는 앨빈 토플러Alvin Toffler가 생산자producer가 곧 소비자comsumer인 경우를 소개하며 사용했다. '프리슈머'는 제품이나 서비스가 출시되기 전에 참여해 자금 지원, 홍보, 제품 생산 등에 관여하는 소비자를 말한다. '가이드슈머'는 기업의 생산 과정에 직접 참여, 검증하는 소비자를 뜻한다. '커스트오너'는 제품 소비를 넘어 자신이 구매하는 제품에 자금을 지원하고 지분 투자까지 하는 소비자를 말한다.

과거에도 아이디어 모집 또는 공모전이 있었으나 크라우드 소싱은 이

보다 적극적이고 양방향적인 의미를 내포하고 있다. 제프 하우Jeff Howe는 2008년 발간한 《크라우드 소싱: 대중의 창조적 에너지가 비즈니스의 미래를 바꾼다Crowdsourcing: Why the Power of the Crowd Is Driving the Future of Business》에서 크라우드 소싱의 유형을 군중의 지혜crowd wisdom, 군중의 창조crowd creation, 군중의 투표crowd voting, 군중의 자금 지원crowd funding으로 나눴다.

크라우드 소싱으로 성공한 비즈니스 모델은 레고와 스타벅스, 위키피디아 등에서 찾아볼 수 있다. 레고의 디지털 디자이너Digital Designer는 블록 설계 경험과 능력을 고객들과 공유하는 프로그램을 제공한다. 이는 고객이 레고 제품을 직접 설계할 수 있는 플랫폼이다. 고객의 아이디어가 실제로 채택되어 상품이 출시되면, 출품자는 순이익의 1%를 로열티로 받게 된다.

스타벅스의 '마이 스타벅스 아이디어'는 소비자의 의견 수렴과 의사결정 참여를 위한 커뮤니케이션 공간이다. 이 사이트에서 소비자는 자신의 아이디어를 공유하고share, 좋은 아이디어에 투표한 뒤vote, 댓글로 그 아이디어에 관해 토론하며discuss, 어떻게 실현되는지 지켜본다see. 이 사이트는 연간 약 20만 개의 아이디어가 올라오고 그중 연간 약 70개의 아이디어가 구체적으로 실행된다. 대표적인 것이 커피 튀는 것을 방지하는 스플래시 스틱splash stick, 매장 내 와이파이 무료 사용 등의 아이디어다. 위키피디아는 인터넷을 사용하는 대중들이 직접 필요한 내용을 작성하고 사람들과 공유할 수 있도록 한 무료 인터넷 백과사전이다.

크라우드 펀딩도 크라우드 소싱에 해당한다. 크라우드 펀딩은 개인이 아이디어나 프로젝트를 홍보하고 후원금 목표를 정하면 대중들로부터 일정 금액의 후원을 받는 것이다. 후원을 받은 사람은 그 자금으로 아이디어를 현실화하는 대신, 후원자들에게 개발한 제품과 특전 또는 서비스를 '리워드보상'라는 이름으로 제공한다.

금융기관에서도 크라우드 소싱이 적용된다. 영국 은행 RBSRoyal Bank of Scotland는 2013년 은행의 서비스 개선 아이디어를 제시할 수 있는 포털 '아이디어 뱅크Ideas Bank'를 개설했다. 영국 은행 바클레이스Barclays도 같은 해 서비스와 접근성, 모바일뱅킹 등에 대한 개선 아이디어를 제출하고 공유할 수 있는 포털 '유어 뱅크Your Bank'를 오픈했다. 시티뱅크Citi Bank는 2017년 새로운 디지털 서비스나 기능을 고객이 직접 베타 테스터가 되어 피드백을 할 수 있는 고객 커뮤니티 플랫폼 '캔버스Canvas'를 공개했다. 남아프리카공화국의 스탠다드은행Standard Bank은 크라우드 소싱을 통해 수집된 아이디어를 지하수·위생·정수·식수화 방법 등으로 개념화하고, 짐바브웨의 '모바일 태양광 정수 시스템', 탄자니아의 'WASH 프로젝트' 등 실제 시행 가능한 형태로 발전시켰다. 다수의 금융회사가 자사의 상품 및 서비스 관련 공모전을 실시하는 전통적인 방식 외에도 플랫폼을 활용하여 고객의 피드백을 받고 있으며, 기업의 사회적 책임, 채널 전략, 자산 관리 등 다양한 영역에서 크라우드 소싱을 활용한 혁신을 추구한다.

크라우드 소싱의 다양성을 강조하는 사례로 MIT에서 크라우드 소싱 플랫폼 '이노센티브InnoCentive'를 분석한 결과에 따르면, 해당 분야에 경험이 적을수록 문제를 해결할 확률이 높은 것으로 나타났다. 즉, 화학기업이 직면한 문제를 화학자가 아닌 생물학자, 물리학자가 해결할 확률이 더 높다는 것이다. 또한 방대한 양의 아이디어와 데이터를 모은 경우, 이를 추려내는 작업에도 많은 시간과 자원이 소요되기 때문에 이를 스크리닝screening하는 체계가 필요하며, 스크리닝 작업에도 대중의 투표 등 크라우드를 활용하는 방안을 고려할 필요가 있다. 크라우드 소싱으로 아이디어 제품을 개발하는 플랫폼인 쿼키Quirky는 크라우드 소싱을 통해 제안된 아이디어에 대해 의견을 취합하고 직접 상품으로 개발한 후, 아이디어 제시자와 의견 제시자에게 수익을 배분하는 독특한 모델로 큰 반향을 얻었다. 그러나 한꺼번에 너무 다양한 아이디어 상품을 내놓으면서 쿼키 고유의 정체성을 확립하는 데 실패했다. 쿼키의 블루투스 스피커는 40만 달러를 들여 개발하였으나, 겨우 28대를 판매하는 데 그치고 파산 신청을 한 것이다.

코인만 쓰는 건 아니다, 블록체인

비트코인과 함께 등장한 블록체인이 우리에게 다가온 지는 벌써 수년이 지났다. 이제 블록체인을 활용한다는 소식이 여기저기서 들려온다. 블록체인은 블록에 데이터를 담아 체인 형태로 연결하여, 수많은 컴퓨터에 동시에 복제해 저장하는 분산형 데이터 저장 기술이다. 거래 때마다 모든 참여자들이 정보를 공유하고 이를 대조해, 데이터 위조나 변조를 할 수 없도록 만들어져 있다. 블록체인은 보안성, 효율성, 투명성이라는 3대 특징을 갖고 있다.

한국 조폐공사는 블록체인 기술 기반 모바일 상품권 플랫폼을 운영한다. 서울의료원은 스마트 병원에 블록체인을 활용하여 전자처방전 및 여러 증명서를 병원과 약국 등이 실시간으로 공유한다. 이는 의료 정보의 무결성을 보장해줄 뿐만 아니라, 맞춤형 건강관리 정보를 제공하는 장점이 있다. 식품의약품안전처는 수입 원료 및 식품의 안전성 검증을 위한 블록체인 기반 수입 식품 데이터 관리 플랫폼을 구축할 예정이다. 우정사업본부는 전자우편 사서함에 블록체인을 활용하여 전자우편 수·발신 추적 정보를 통합 관리한다. 이는 온·오프라인 우편물 전달 정확도 증가 및 우편 내용의 일치성 제공을 하는 것을 목표로 한다.

일본의 농림수산성은 육류의 안전한 공급망 관리를 위해 블록체인 기반 플랫폼Mijin을 활용한다. 미야자키현 농업 지역은 덴쓰국제정보서비스ISID와 함께 유기농 제품의 물류 과정을 관리하는 블록체인 기반 시스템을 시험 운영한다. 순천시는 '순천시 블록체인 산업 육성 신규 사업 발굴' 사업을 수행하였다. 여기서 등장한 과제로는 '주민 사회봉사 활동 활성화를 위한 블록체인 기반 봉사 활동 인증서 시스템'이다. 그간 국내에서 대학 내 각종 증명서의 위·변조로 나라 안팎이 시끄러운 사례가 있었다. 이러한 문서에 블록체인이 적용되어 투명성을 보장하는 것은 의미 있는 일이다. 그 외에도 '순천시 관광 명소 활성화를 위한 블록체인 기반 디지털 방명록' '블록체인 기반 순천형 반려동물 등록 관리 플랫폼' 등이 있다.

블록체인은 민간 영역보다 금융 및 공공 영역에서 우선 적용되고 있다. 그동안 명품 가방, 명품 시계, 양주 등 고급 기호품에 대한 위·변조가 끊이지 않았다. 장차 이러한 분야에도 블록체인이 적용되어 위·변조 상품의 근절이 가능하리라 여겨진다.

세종텔레콤은 블루브릭BlueBrick이라는 서비스형 블록체인 플랫폼을 구축했다. 이는 디지털 자산 거래, 마이데이터, 유통 생산 관리, BaaSBlock as a Service, DeFiDecentralized Finance 등에 적용이 가능하다. 블루브릭 플랫폼은 이더리움Ethereum과 하이퍼레저 패브릭Hyperledger Fabric 등 주요 블록체인 기술을 기반으로 구현되어 기업용 솔루션 개발, 운영, 거버넌스에 필요한 인프라를 제공한다. 따라서 블록체인 도입에 어려움을 겪고 있는 조직에서도 단기간에 합리적인 비용으로 쉽고 편리하게 기존 비즈니스에 블록체인 기술을 적용할 수 있다. 또한 공공, 금융, 유통, 문서 관리, 문서 원본 증명 등 다양한 업무에 적용할 수 있다. 블루브릭 플랫폼은 대학 학사 정보시스템과 연동하여 학력 위조를 방지할 수 있는 비즈니스 모델도 제시하고 있다.

블록체인을 활용한 채용 과정 시나리오

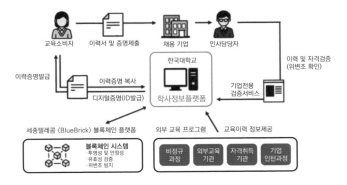

자료: 세종텔레콤

최근 주목받는 비즈니스 모델

새로운 비즈니스 모델이 더는 등장하지 않을 것 같지만, 그렇지 않다. 최근에 이슈가 된 비즈니스 모델은 틱톡, 클럽하우스, 라이브 커머스 등이 대표적이다. 틱톡은 60초 내외의 흥미로운 동영상을 제공하며, 킬링타임killing time용으로 적합하다. 특히 틱톡은 미국과 중국의 무역 분쟁 대상이 되었던 서비스이다.

클럽하우스는 음성 소셜 미디어로, 업계 관계자나 친구들과 음성 대화를 나눌 수 있는 것이 특징이다. 기존 가입자로부터 초대를 받아야 참여할 수 있으며, 영상이나 글 등은 사용할 수 없고 음성으로만 대화한다.

라이브 커머스는 실시간 동영상 스트리밍으로 상품을 판매하는 온라인 채널로, 비대면 접촉을 회피하는 언택트 경제가 부상하면서 활성화되고 있다. 국내에는 네이버의 '쇼핑라이브', 카카오의 '톡딜라이브', 티몬의 '티비온', CJ올리브영의 '올라이브', 롯데백화점의 '100라이브' 등의 플랫폼이 있다. 라이브 커머스 이용자는 생방송이 진행되는 동안 채팅을 통해 진행자, 혹은 다른 구매자와 실시간 소통을 할 수 있다. 라이브 커머스는 상품에 대해 다양한 정보를 제공해서 비대면 온라인 쇼핑의 단점을 보완한다. 모바일 실시간 소통에 익숙한 'MZ세대'가 라이브 커머스의 주요 고객이다. 이렇듯 최근에 등장하는 비즈니스 모델의 특징은 기존 비즈니스 모델을 변형한 것이라는 점을 알 수 있다.

초기 비즈니스 모델은 4C, 즉 콘텐츠contents, 커뮤니티community, 상거래commerce, 협력collaboration으로 구성되었다. 비즈니스 모델의 원리는 콘텐츠를 제공하면, 회원들이 모여서 커뮤니티가 형성되고, 커뮤니티에 의해 상거래가 이루어진다. 이를 통해 거대한 데이터가 확보되며, 타 플랫폼과 협력이 가능해져 더욱 큰 영향력을 형성하게 된다. 최근에는 비즈니스 모델 개발도구로 비즈니스 모델 캔버스를 널리 활용한다.

여기서는 콘텐츠에 해당하는 것이 가치제안value proposition이다. 가치제안이란 참으로 어려운 개념이다. 가치제안은 상품이나 서비스로 한정하기는 어렵다. 아마존의 최초 인터넷 서점은 도서를 판매했지만 그들의 가치제안은 다른 것이다. 미국에는 수천만 권의 도서가 있지만, 그 도서를

비즈니스 모델 캔버스 개념도

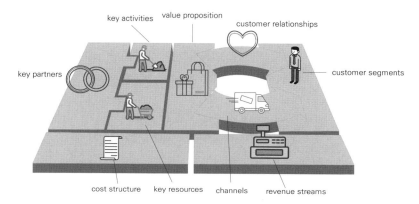

자료: 〈Business Model Generation〉

구입하는 것이 매우 어렵다. 미국 오프라인 서점인 반스앤노블Barnes&Noble 은 대중적인 서적만 취급한다. 소비자가 특정 서적을 구하기 위해서는 어느 지방 도시 대학의 구내 서점을 방문해야 하는 상황이 벌어지기도 한다. 즉, 시내의 서점에서는 잘 팔리는 서적 20% 정도만 판매하므로, 나머지 희소성이 있는 서적 80%는 구하기가 어려운 것이다. 따라서 아마존은 희소성이 있는 책, 즉 롱테일 법칙Long Tail에 해당하는 80%의 서적을 인터넷으로 판매하고, 이에 해당하는 시장점유율 20%를 챙긴 것이다. 아마존의 가치제안은 바로 롱테일 법칙이다.

우리가 익히 알고 있는 '배달의민족'의 가치제안은 무엇일까? 그들의 고객은 배달 음식을 구매하는 소비자와 이를 공급하는 식당이다. 소비자를

주요 비즈니스 모델의 가치제안

업체	가치제안
아마존(도서)	롱테일 법칙
아마존(킨들)	전자책 구매 시 킨들 가격을 상쇄하는 무료 콘텐츠 제공
ZARA	최신 패션 트렌드를 제공해 고객의 패션 라이프 사이클 연장
아이폰	모바일 데이터 통신 모바일 컴퓨터 기능 앱스토어: 모바일 소프트웨어 마켓 'iCloud-아이폰-아이패드-맥북' 데이터 연동
범블(데이팅 앱)	여성이 위험에 노출되는 것을 방지하기 위해 여자만 데이트 신청 가능
텔레그램	대화의 비밀 보장
클럽하우스	특정 주제에 대한 음성 토론
넷플릭스	저렴한 가격(1만 원에 4명 동시 시청 가능) 및 다양한 콘텐츠
스타벅스	사이렌 오더(모바일을 통한 사전 주문)를 통한 대기시간 절감
우버	운전자: 빈 차의 운행을 통한 수입 증대 승객: 여유로운 빈 차 잡기
쿠팡	로켓배송: 심야 배송을 통한 익일 배달
배달의민족	소비자: 24시간 음식 배달 기존 식당: 추가 매출 신규 식당: 매장·테이블 없이 주방만 보유하는 것으로 식당 영업 가능

위한 가치제안은 어떤 음식이든 24시간 배달을 해준다는 것이다. 식당을 하는 고객을 위한 가치제안은 추가적인 매출을 준다는 것이다. 또한 소자본으로 식당을 하는 고객에게는 매장과 테이블 없이 주방만 갖고도 사업을 할 수 있게 해주는 것이 또 다른 가치제안이다. 앞으로 비즈니스 모델을 개발하는 스타트업은 고객 유형customer segment별로 진정한 가치제안은 무엇인가를 연구하는 것이 중요하다.

Trend 4
메타버스, 소비의 주체가 될
MZ세대를 사로잡다

#1 2021년 1월 네이버 신입 사원 191명은 자사 AR 플랫폼인 제페토에서 만나 신입 사원 연수를 진행했다. 2020년 4월 미국의 힙합 가수 트래비스 스콧Travis Scott은 온라인 게임 '포트나이트'에서 콘서트를 열었고, 전 세계 1,230만 명이 동시에 게임 안에서 춤추고 날아다니며 공연을 즐겼다. 아이돌 그룹 방탄소년단BTS은 지난해 9월 '다이너마이트'의 안무 버전 뮤직비디오를 포트나이트에 최초 공개하며 쇼케이스를 진행했다. 메타버스에서 열린 블랙핑크의 아바타 팬사인회에는 4,600만여 명이 모였다. 이렇듯 메타버스는 단순히 즐기기 위한 수단으로만 머물지 않는다.

#2 한국형 우주 SF 블록버스터의 신기원을 연 넷플릭스 영화 〈승리호〉는 공개 첫 28일 동안 전 세계 2,600만 명이 넘는 유료 구독자의 선택을 받았다. 〈승리호〉는 약 80개국에서 넷플릭스 '오늘의 Top 10'에 이름을 올렸다. 그뿐만 아니라 은둔형 외톨이 고등학생 현수가 가족을 잃고 이사 간 아파트에서 겪는 기괴하고도 충격적인 이야기를 다룬 〈스위트홈〉은 그야말로 대박이 났다. 또한 4부작 드라마 〈킹덤〉 역시 넷플릭스를 통해 인기몰이를 했다. 이처럼 넷플릭스는 명실상부 OTT를 대표하는 채널이 되었다.

#3 2012년 가수 싸이의 '강남스타일'은 빌보드 메인 차트 2위를 7주간 유지했다. 2015년 9월 강원도 인제에서 걸그룹 '여자친구'가 빗속 무대에서 8번이나 넘어지면서도 끝까지 공연을 하는 모습을 보고 미국시사주간지 〈타임TIME〉은 "K팝 스타들이 노래 한 곡에 8번이나 넘어진 영상은 '당신이 무엇을 하든 끝까지 할 수 있도록 힘을 줄 것'을 시사한다."라고 말했다. 2011년 데뷔해 10년의 무명 생활 끝에 해체를 고려했던 4인조 걸그룹 '브레이브걸스'가 4년 전 발표한 곡 '롤린'은 최근에 '멜론 24'에서 1위를 석권했다. 브레이브걸스는 각종 군부대 위문 공연에서 '롤린'을 부르는 모습에 장병들이 열광하는 영상이 조회 수 700만 회를 넘기는 등 유튜브를 중심으로 화제가 되었다.

이처럼 콘텐츠는 한순간에 SNS를 타고 세상을 뒤흔들어놓는다. 앞으로 디지털 시대는 콘텐츠와 SNS를 거론하지 않는다면 성립되지 않을 것이다. 한편 SNS는 메타버스라는 개념과 맞물리면서 더욱 진화될 것으로 예견된다.

2006년 출시된 로블록스는 15년 동안 발전하며 안정화된 플랫폼이다. 특히 10~20대 젊은 층은 로블록스와 제페토에 깊이 빠져있다. 메타버스는 3차원의 콘텐츠와 SNS를 만들어내는 역할을 할 것이며, 앞으로 SNS와 콘텐츠, 그리고 메타버스가 이뤄낼 시너지 효과는 가히 기대할 만하다고 할 수 있다.

영상 콘텐츠의 왕국 유튜브

유튜브는 2005년에 처음으로 서비스를 시작했다. 오늘날 유튜브는 가장 거대한 동영상 플랫폼으로 자리 잡았다. 올해 한 설문조사에서는 퇴근 후 직장인들의 55%가 집에서 유튜브를 본다고 하니, 그 위세를 가히 짐작할 수 있다. 또한 국내뿐만 아니라 전 세계적으로 유튜버들의 활약상이 눈에 띈다. 우리나라 초등학생 장래 희망 1위가 '유튜버'라고 하니, 영향력이 크다는 점을 알 수 있다. 몇 년 전만 해도 어떤 주제를 검색할 때 네이버를 활용하였지만, 오늘날에는 유튜브를 먼저 찾아보게 된다. 수년 전까지만 해도 디지털카메라는 캐논의 DSLR^{Digital Single Lens Reflex}이 대세였다. 그러나 DSLR 카메라는 스마트폰의 카메라 화질에 밀려서 내리막길을 걷고 있다. 오늘날은 소니 미러리스 카메라^{mirrorless camera}가 유튜버 등에 힘을 얻어 새로운 대세로 자리를 잡고 있다. 역시 동영상을 촬영하는 데는 미러리스 카메라처럼 휴대성이 좋은 카메라가 제격이기 때문이다.

그런데, 왜 유튜브가 대세일까? 수년 전만 해도 사람들은 정보를 얻기 위해 네이버를 검색했다. 그러나 이제 대중은 정보에 만족하지 않는다. 사람들이 원하는 것은 경험이다. 경험에 한 발짝 다가서려면 유튜브를 통해야 한다. 예를 들면, '텃밭 가꾸기'를 검색했을 때 네이버에서는 텍스트로 전개한 텃밭 가꾸기 요령이 나온다. 그것은 충분하지 않다. 네이버의 정보와 지식으로 당장 텃밭에 나가서 상추를 심고, 고추 모종을 심기에는 벅차기 때문이다. 그러나 유튜브를 통해 텃밭 가꾸기를 보면 쉽게 따라할 수 있게 된다. 바로 '보는 것이 믿는 것'이라는 점이 유튜브가 가진 힘이다. 유튜브의 콘텐츠는 경험으로 연결된다. 디지털 시대의 화두는 지식에서 경험으로 바뀌었다는 것을 주목해야 한다.

유튜브에는 다양한 주제의 콘텐츠가 존재한다. 콘텐츠의 주제는 '먹방', 요리하기, 외국인의 시각으로 한국을 이해하기, 도전하기, 댄스, 애완동물 키우기, 정치권 분석 등 이루 말할 수 없을 정도로 다양하다. 대표적인 유튜버를 살펴보자. '먹방' 콘텐츠의 문복희^{구독자 약 660만 명}, 요리 방법을 간단하게 소개하는 쿠캣 레시피^{구독자 약 53만 명}, 외국인의 눈으로 한국을 소개하는 조쉬의 영국남자^{구독자 약 430만 명}, 궁금하면 뭐든지 해본다는 공대생 변승주^{구독자 약 200만 명}, 과학실험 콘텐츠를 만드는 허팝^{구독자 약 380만 명}, 커버 음악을 하는 제이플라^{구독자 약 1,730만 명}, 춤에 대한 모든 것을 알려주는 원 밀리언 댄스 스튜디오^{구독자 약 2,430만 명}, 진돗개 금동이에 대한 브이로그인 금동복실^{구독자 약 11만 명} 등이 있다. 2019년 유튜브 관계자에 따르면 당시에는 유머 콘텐츠가 대세였다고 한다. 그러나 지금은 다양한 콘텐츠로 구독자의 관심 분야가 넓어진 것을 알 수 있다.

2020년 4월 '김정은 사망설'이 제기되자 유튜브에서는 난리가 났다. 저마다 전문가라는 사람들이 등장해서 유언비어 수준의 분석을 쏟아냈다. 유언비어는 언론 통제 사회에서 대체 소통 수단으로 쓰이기도 한다. 그런데 왜 유튜브의 유언비어가 인기 있는 걸까? 사람들의 관심을 끄는 흥미로운 견해가 즐비하기 때문이다. 요즘 유튜버는 인플루언서^{influencer}인 동시에 오피니언 리더^{opinion leader}이다. 사람들은 우스갯소리로 오피니언 리더가 대통령보다 낫다고 말한다. 임기도 딱히 없고, 자기 세력을 이끌고 다니기 때문이다. 인기 유튜버는 인기 정도가 아니라 권력을 누리는 수준이다. 그렇다 보니 잘못된 판단으로 한번에 무너지는 유튜버도 많다. 심지어는 인기를 끌기 위해 무단 침입 및 자작극 같은 도를 넘은 동영상을 게재하거나 일명 '뒷광고'를 해서 물의를 빚고 추락하게 된다.

유튜브, 인스타그램, 틱톡 등에서 주로 사용되는 콘텐츠를 살펴보자. 이는 '자신의 주장 말하기' '제품 리뷰 및 비교하기' '~하는 방법 비디오 만들기' '책, 영화 리뷰' '패러디 영상 만들기' '오타쿠 콘텐츠 보여주기' '브이로그 만들기' '전문가 콘텐츠' '뉴스 · 토픽 · 토론' '캠핑카 · 차박' '유머' 등과 같은 것이다. 유튜버들은 일주일에 1회 이상 콘텐츠를 게재하는데, 이들이 가장 고통스러운 일이 소재를 구하는 것이란다. 상황이 그렇다 보니 유튜버들은 점점 자극적인 소재를 찾아 나서게 되고, 이러한 콘텐츠가 사회적인 물의를 일으키고는 하는 것이다.

틱톡은 유튜브 못지않게 인기가 있다. 이는 중국의 숏폼short-form 동영상 기반의 SNS 플랫폼이다. 틱톡은 일상, 코미디, 댄스, 동물, 게임, 엔터테인먼트, 헬스, 뷰티, 스포츠, 푸드, 여행, ASMR, 패션, 튜토리얼, 드라마 장르, 카툰 등을 소재로 다룬다. 단연 인기 있는 콘텐츠는 코미디 장르이다. 틱톡은 중국 콘텐츠가 큰 비중을 차지하고 있는데, 주된 내용은 도덕적인 내용을 강조하는 유머러스한 콘텐츠다. 국내에서도 인기 연예인 이시영은 틱톡 콘텐츠를 전문적으로 업로드하고 있다. 2021년 9월 현재 이시영의 틱톡 팔로워는 1,600만 명이다.

가상세계가 뜬다, 메타버스

메타버스는 현실 세계인 유니버스universe와 가공 또는 추상을 의미하는 메타meta의 합성어로 3차원 가상세계를 말한다. 이곳에서는 사용자가 만들어내는 UGCuser generated content가 상품이며, 가상 통화가 유통된다. 메타버스는 기존의 가상현실virtual reality보다 발전된 개념으로 웹과 인터넷 등의 가상세계가 현실 세계에 흡수된 형태이다. 향후 인터넷이 3차원 네트워크로 등장하면 메타버스는 디지털 분야의 핵심 키워드가 될 것이다. 사실 가상세계는 싸이월드 '미니홈피' 시절부터 출발하여 2007년에 유행했던 세컨드라이프second life에서 기반을 확립했다. 지금의 메타버스는 가상현실VR과 증강현실AR 기술을 활용한다. 또한 대중들은 경제적인 측면에서 소비자 역할뿐만 아니라 공급자 입장에서 신발, 재킷, 집 등을 판매하며 완벽한 경제주체로 살아갈 수 있게 되었다. 우스갯소리로 회사 출근 대신에 메타버스로 출근한다는 말도 생길 정도다.

국내 20대 여성으로 설정된 가상 인물 '렌지'는 메타버스에서 패션 아이템을 제작하는 디자이너다. 그의 가상 의류는 유명 브랜드 못지않은 인기를 끌고 있다. 그는 "대리만족으로, 현실에서 입을 수 없는 옷을 캐릭터에 입히기 위해 계속해서 구입한다."라고 말한다. 그는 월 1,500만 원 정도의 수입을 올리고 있다.

메타버스는 작가 닐 스티븐스$^{\text{Neal Stevens}}$가 1992년 SF 소설 〈스노 크래시〉를 통해 '아바타'와 함께 처음 선보인 개념이다. 소설은 가상의 공간 '메타버스'에 들어가기 위해서는 '아바타'를 만들어 접속해야 한다고 묘사한다. 2009년 개봉한 영화 〈아바타〉에서는 전직 해병대원 제이크 설리가 '아바타' 프로그램을 통해 '나비족'의 중심부에 투입된다. 그는 현실 세계에서는 부상자이지만 가상세계에서는 훌륭한 전사로 변신한다. 2018년 개봉한 영화 〈레디 플레이어 원〉은 스티븐 스필버그$^{\text{Steven Spielberg}}$가 만든 SF 영화인데, 2045년 미래 시대에 현실에서 희망을 찾을 수 없게 된 사람들은 먹는 것과 자는 것, 용변 보는 것을 제외하면 모든 것이 가능한 가상현실 게임 '오아시스'에 중독되고 만다. '오아시스'는 현실을 가상세계로 그대로 옮겨놓은 듯한 모습을 보여준다. 이 작품 속에서 오아시스에 사는 캐릭터들은 게임 속에서 일해 돈을 벌고, 그 안에서 물품을 구입하는 등 거의 현실과 다름없는 삶을 살아간다. 이렇게 현실과 똑같은 가상공간으로 조성된 세계가 바로 메타버스이다.

미국에서는 메타버스를 기반으로 한 게임 플랫폼 '로블록스'가 유튜브를 제치고 10대가 가장 많이 사용하는 애플리케이션이 됐고, 네이버Z의 AR 아바타 기반 소셜 네트워크 서비스 '제페토'는 전 세계 2억 명의 사용자를 메타버스 세계로 끌어들였다. 최근에는 가상현실 속에서 대학 입학식이나 신입 사원 연수도 이루어진다. 에픽게임즈$^{\text{Epic Games}}$의 CEO 팀 스위니Tim Sweeney는 메타버스를 차세대 인터넷으로 꼽았다. 그는 '포트나이트' 게임의 제작자이기도 하다. 넷플릭스 CEO 리드 헤이스팅스는 포트나이트를 넷플릭스의 최대 경쟁자로 꼽고 있다.

한국에서는 네이버Z의 제페토가 2억 명의 사용자를 확보하여 글로벌 메타버스 플랫폼으로 등극했다. 제페토에 가입할 때 이용자가 본인의 사진을 찍어 올리면 자신의 외모와 똑 닮은 3D 캐릭터가 형성된다. '월드' 카테고리로 들어가면 친구들과의 실시간 의사소통뿐만 아니라 게임, 쇼핑, 콘서트 감상, 팬 사인회 참여 등 다양한 활동을 할 수 있다. 인스타그램처럼 제페토 피드로 아바타의 일상을 공유하기도 한다.

닌텐도의 게임인 '모여봐요 동물의 숲'은 가상세계의 생활뿐만 아니라, 온라인을 바탕으로 현실과 상호작용이 일어나는 특징을 보인다. 즉, 가상과 현실이 혼합된 메타버스 개념을 충족하는 서비스로 눈길을 끌고 있다. 정치인이나 기업은 '모여봐요 동물의 숲'을 활용한 홍보 활동을 벌인다. 조바이든Joe Biden 미국 대통령은 대통령 후보였을 때 '모여봐요 동물의 숲'에서 선거 유세를 펼치기도 했고, LG전자는 이 게임을 활용한 올레드OLED TV 마케팅을 선보였다.

국내 메타버스의 전문가인 강원대학교 김상균 교수는 메타버스를 증강현실, 거울세계, 라이프로깅lifelogging, 가상현실로 구분한다. 증강현실은 일상적인 세계 인식 위에 네트워크화된 정보를 더한 인터페이스와 위치 인

메타버스의 구성도

자료: 김상균 교수 세미나

식 시스템의 사용으로 실제 현실 세계를 확장시키는 기술을 말한다. 거울 세계는 정보가 확장된 가상세계이며, 실제 세계의 반영이라고 할 수 있다. 라이프로깅은 사물과 사람에 대한 일상적인 경험과 정보를 캡처하고 저장하고 묘사하는 기술을 의미한다. 마지막으로 가상현실은 내재적 특성을 가진 시뮬레이션 환경으로 정의한다.

이렇게 메타버스가 대세인 것은 분명하지만, 언제 어떻게 또 바뀔지는 아무도 모른다. 한때 대세였던 '세컨드라이프'나 '포켓몬고' 역시 한순간에 사라졌기 때문이다. 전문가들은 메타버스는 '세컨드라이프의 재탕에 불과할까? 아니면 현실의 연장선으로 자리 잡을까?'에 촉각을 곤두세운다. 메타버스가 현실 세계를 가상세계로 옮겨놓는 것에 불과하다면 세컨드라이프와 같은 길을 걸을 것으로 본다.

메타버스는 몇 가지 문제점을 지니고 있다. 많은 사람을 만나는 것 같아도 다른 집단과의 소통이 끊겨있고, 현실의 문제를 망각하게 만든다. 또한 상대방의 아바타만 보게 되기 때문에, 상대방이 느끼는 감정과 상황은 알 수가 없다. 메타버스의 익명성은 또 다른 부작용을 낳을 수도 있다. 그럼에도 불구하고 메타버스를 주목하는 이유는 게임 및 엔터테인먼트를 넘어서 향후 의료, 자동차 등의 산업 분야로 진출하는 시대가 올 수도 있기 때문이다.

국내외에서 부는 메타버스의 광풍이 무섭다. 인제대학교의 메타버스 캠퍼스, 울산시의 메타버스 온라인 컨벤션, 문화재청의 문화유산 방문 캠페인 홍보관, 환경부의 어린이 환경 체험 등 이루 열거할 수 없을 정도로 많은 기관과 기업이 앞다투어 메타버스 콘텐츠를 구축 중이다. 국내 지자체는 거의 모두 메타버스 사업을 기획한다고 해도 과언이 아니다. 그러나 여기서 짚고 넘어가야 할 것이 있다. 최근 메타버스 붐에 편승한 소규모의 메타버스 구축 업체가 100여 개가 넘는다고 한다. 하지만 이들 업체는 메타버스 사업을 수행하겠다는 의지는 높으나 실제 구축할 능력이 있다고 보이지 않는다. 저자 역시 공공기관의 메타버스 체험관 구축을 컨설팅하면서 업체와 협의하는 과정을 거쳤다. 그 과정에서 물론 잘하는 업체도 있었지만, VR을 구축한 경험만을 갖고 메타버스에 도전하는 업체도 있었다. 또 고려해봐야 할 것은 우리에게 익숙한 로블록스와 제페토의 구축 환경이다.

로블록스는 프로그램을 지원하기 때문에 세세한 표현이 가능하고, 자체 화폐인 로복스를 통한 거래를 할 수 있고, 채널당 100명까지 입장할 수 있다. 제페토는 그래픽을 지원하지만 인터랙션interaction이 약하고, 자체 화폐 거래를 할 수 없고, 채널당 16명만 입장을 할 수 있다.

SNS와 콘텐츠의 관계

사회 관계망 서비스SNS, social network service는 최근 페이스북과 트위터 등의 폭발적 성장에 따라 대중의 관심 대상이 되었다. 현재 유튜브, 페이스북, 인스타그램 등 다양한 SNS는 우리 생활의 중심을 차지하고 있다. 여기서는 넓은 의미에서 SNS를 살펴보도록 하겠다. 위키피디아Wikipedia에서는 SNS를 '사용자 간의 자유로운 의사소통과 정보 공유, 그리고 인맥 확대 등을 통해 사회적 관계를 생성하고 강화해주는 온라인 플랫폼'으로 정의한다. 일반적으로 SNS는 신상 정보의 공개, 관계망의 구축과 공개, 의견이나 정보의 게시, 모바일 지원 등의 기능을 지니고 있다. 또한 SNS는 텍스트, 사진, 동영상, 음성 등의 매체를 선택적으로 활용한다. SNS가 추구하는 가치는 자기를 표현하고, 타인과 소통하며, 정보를 공유한다는 것이다. 또한 SNS를 사용하는 사람의 의도는 자기 과시, 개인 브랜드의 확보,

SNS 특징 요약

SNS	주요 매체	추구 가치	사용자의 의도
미니홈피	텍스트, 사진	타인과의 소통	자기과시, 다이어리
유튜브	동영상	정보 영상의 공유	광고수익, 개인 브랜드 확보
페이스북	텍스트, 사진, 동영상	정보공유(정보유통자), 타인에 대한 관심	인적 네트워크 확보, 자기표현(크리에이터)
트위터	텍스트	신속한 정보 전파	유명인에 대한 팔로잉
단체 카카오톡	텍스트	의견 교환, 파일 공유	단체 활동(친목, 프로젝트 등) 지원
인스타그램	사진, 동영상	자기표현, 소통	타인에 대한 탐닉, 상품 마케팅
틱톡	동영상	흥미로운 동영상	킬링 타임
클럽하우스	음성	실시간 채팅	집단지성 추구, 화두 공유
메타버스	3D 가상공간	사이버 공간 추구	현실탈피, 경제활동

인적 네트워크 확보, 유명인에 대한 팔로잉, 타인에 대한 탐닉, 상품 마케팅 등으로 다양하다.

최근에 급격히 성장하고 있는 디지털 마케팅은 페이스북, 인스타그램, 유튜브 등의 SNS가 주요 수단이 된다. 최근에는 SNS가 정부기관의 홍보 수단으로 쓰이기도 하고, 학문의 대상이 되기도 하며, 빅데이터 처리를 위한 원천source으로 활용되기도 한다. SNS와 콘텐츠는 한 묶음이다. 콘텐츠가 없는 SNS는 상상할 수 없다. 또한 SNS가 없는 콘텐츠는 세상에 드러날 수가 없다. 따라서 SNS의 비즈니스 모델은 콘텐츠와 함께 고려되어야 한다.

VR 산업으로 진출하는 페이스북

페이스북은 마크 저커버그Mark Elliot Zuckerberg가 2004년 설립한 대표적인 SNS이다. 페이스북은 2006년부터 이메일 주소만으로 가입할 수 있도록 하여 빠른 속도로 성장하였다. 페이스북은 2017년 미국 상장 기업 중 시가총액 6위에 해당하는 '공룡 기업'이 되었으나, 2017년 4분기부터 접속률이 줄고 있다. '구글 트렌드'에서 페이스북을 검색하면 2016년 4월에 비해 5년 후인 2021년 4월에는 관심도가 4분의 1로 감소한 것을 볼 수 있다. 이는 페이스북의 광고 확대에 따른 사용자의 반감과 새로운 SNS의 등장에 따른 것으로 판단된다. 그런데도 페이스북은 여러 가지 장점이 있다. 친구 추천 또는 친구의 친구 검색을 통해서 인적 네트워크를 확장할 수 있다. 때로 기억 속에서 사라졌던 친구를 찾아주기도 한다. 또한 자신의 일상 또는 생각하는 바를 게재해서 주위 사람에게 관심을 촉구할 수도 있다. 2010년 개봉된 영화 〈소셜 네트워크〉는 페이스북 창업 스토리를 다루었다. 그러나 영화의 재미를 위해 일부분을 각색해서 내용 모두를 사실로 받아들이기에는 한계가 있다.

우리가 주목할 것은 페이스북의 미래이다. 페이스북은 2014년 VR 기기 스타트업인 오큘러스Oculus를 인수하고 VR 산업 강화를 시도하고 있다. 페이스북은 소셜 VR 플랫폼인 호라이즌Horizon의 업그레이드 버전과 레이벤으로 유명한 안경 업체 에실로룩소티카EssilorLuxottica와의 협력으로

2021년 스마트 글라스smart glass 시제품을 공개했다. 페이스북은 로지텍과 협력해 키보드를 볼 수 없는 가상 환경에서 문자를 입력하는 문제를 해결할 것이라고 한다. 이는 인피니트 오피스infinite office 키보드로, 오큘러스 퀘스트 2Oculus Quest 2 헤드셋을 착용한 상태에서 볼 수 있다.

페이스북은 모니터를 가상공간에 배치해서 생산성을 높인다는 계획이다. 299달러의 오큘러스 퀘스트 2 VR 헤드셋을 사용하면 가상 모니터와 키보드를 활용할 수 있다. 이 헤드셋은 실제로 페이스북 직원들이 재택근무를 할 때 활용한다. 또한 페이스북 AI 연구소는 AI 영상 인식 기술을 기반으로 인스타그램 릴즈Reels, 15~30초 이내 짧은 영상 추천 시스템을 구축했다는 것과 영상에 특화된 딥러닝 모델 '타임스포머TimeSformer'를 개발했다는 소식을 발표했다. 우리 함께 마크 저커버그가 새로이 도전하는 디지털 세계에 촉각을 곤두세워보자.

페이스북은 2012년에 인스타그램을 인수했다. 인스타그램은 초기에 연예인들이 자신을 홍보하는 매체로 활용하였다. 그만큼 인스타그램은 대중이 연예인과 셀럽들의 일상을 탐닉하기 좋은 수단이었다. 그러나 점차 스스로 외모에 자신 있는 젊은 여성들이 자신을 표현하는 수단으로 활용하게 되었고, 이들은 수만 명의 팔로워를 확보하고, 이를 통해 화장품, 다이어트 식품 등의 상품을 광고하는 인플루언서로 경제적 활동을 영위하게 되었다. 이는 디지털 민주화의 상징으로 보인다. 과거에는 선택받은 사람들이 방송, 신문, 잡지 등의 매체를 통해 자신을 표출하였는데, 이제는 인스타그램을 통해 누구나 자신을 표현할 수 있다. 누구나 팔로워를 거느릴 수 있으며, 이를 통해 자신의 의견을 표출할 수 있는 오피니언 리더로 역할을 할 수 있다.

인스타그램을 켜면, 초기 10건 내외에는 내가 팔로잉하는 사람들의 게시물이 나타나다가 이후에는 주로 광고물이 게시된다. 약간 짜증이 나는 경우도 있지만, 대부분 디지털 마케팅을 통해 사용자가 검색한 키워드에 관련된 상품 광고이기 때문에 도움이 되는 경우도 많다. 인스타그램의 새로운 동영상 서비스 IGTV는 팔로워 수가 1만이 넘으면 1시간 길이의 동영상까지 업로드를 할 수 있다. 이는 브이로그를 겨냥한 포석으로 여겨진다.

최근에는 사람들이 페이스북, 인스타그램 등에 자신과 관련된 사진을 업로드한다. 그런데 여기서 재미있는 현상이 발생한다. 갤럭시 스마트폰 카메라의 화질은 최고 수준이다. 그래서 젊은 여성들은 오히려 아이폰을 산다는 것이다. 화질이 너무 좋으면 타인이 자신의 사진을 확대했을 때 얼굴의 땀구멍까지 보일 것이 염려되기 때문이다. 이는 디지털 시대에 생긴 일종의 새로운 아이러니이다.

디지털 토론의 장, 클럽하우스

클럽하우스가 최근 인기를 끌고 있다. 이는 다양한 주제로 진행되는 인터뷰, 대화, 토론 등을 듣거나 직접 참여할 수 있는 '소셜 오디오 채팅' 앱이다. 클럽하우스는 2020년 5월 베타 서비스를 시작한, 비교적 최근에 등장한 SNS다. 클럽하우스는 팟캐스트와 비슷하지만 실시간으로만 이루어지며 대화를 녹음하거나 저장할 수 없다. 코로나19 팬데믹으로 집에서 보내는 자유 시간이 많아진 것, 화상회의 및 유튜브 등 수많은 영상 소비로 인한 피로감 등의 요인으로 인해 클럽하우스는 이 시대에 가장 적합한 인터랙션 방식처럼 여겨진다.

1920년대 살롱 모임에서는 지식인과 활동가가 모여 어떤 주제에 대한 뜨거운 토론을 벌이는 문화가 있었는데, 이를 100년 후 클럽하우스가 재현한 것이다. 클럽하우스는 누구나 주제를 선택하고 원하는 대화를 들을 수 있다. 클럽하우스에서는 명사들이 초대되고, 이들이 주제에 대한 솔직한 입장을 털어놓는데, 이는 요즘 사회에서 영혼 없는 소통에 반발하는 진정성authenticity에 대한 갈증으로 해석이 된다. 콘스텔레이션 리서치Constellation Research의 설립자이자 수석 애널리스트인 레이 왕Ray Wang은 한 인터뷰에서 "클럽하우스는 디지털 사회를 민주화하는 현대판 토크 라디오이며, 이 비즈니스 모델의 미완성 부분은 콘텐츠 크리에이터에게 보상을 하는 방법이다."라고 했다.

사람들은 클럽하우스가 일시적인 유행으로 지나갈지도 모른다고 생각한다. 이는 클럽하우스가 기존 사용자의 초대를 받아야만 사용할 수 있는 서비스라서 회원 증가가 어렵기 때문이다. 물론 유명 인사가 참여해서 이슈가 되기도 하지만 이는 일과성에 불과하다. 그리고 사람들은 새로이 등장하는 소셜 미디어 진영의 유행에 쉽게 휩쓸릴 수 있다. 대중은 늘 페이스북, 트위터 등 기존 플랫폼의 익숙함에서 벗어날 수 있는 색다른 무언가를 갈망하기 때문이다. 클럽하우스에서는 누구나 발언을 할 수 있지만 사실상 참여자 대부분은 화자가 아닌 청자에 머문다. 따라서 참여의 의미는 반감될 수도 있다. 앞으로 클럽하우스는 어떤 길을 가게 될까? 이제 우리는 클럽하우스의 앞날을 조용히 지켜보도록 하자.

맞춤형 서비스를 제공하는 콘텐츠 큐레이션

이제는 콘텐츠의 무한 경쟁 시대이다. 과거에는 '누가 콘텐츠를 많이 보유하고 있는가?' 혹은 '누가 보다 강력한 검색엔진을 제공하는가?'가 관건이었다. 그러나 지금은 상황이 많이 달라졌다. 운전하고 있거나 일하는 도중에 음악을 일일이 검색하는 것은 현실적으로 불가능하다. 이러한 콘텐츠 소비자의 상황을 고려해서 도와주는 서비스가 바로 콘텐츠 큐레이션 content curation이다.

글로벌 뮤직 플랫폼 스포티파이Spotify는 알고리즘 프로그램을 통해 음악을 골라준다. 이제는 개인이 음악을 일일이 고를 필요가 없다. 전문가가 대중에게 음악을 골라주지도 않는다. 또한 음악 검색이 귀찮아서 내가 선호하는 MP3 음악 파일만 재생하는 사람도 반복해서 듣다 보면 싫증이 날수 있다. 이를 해결하는 방법이 알고리즘을 통한 맞춤형 추천 시스템이다. 넷플릭스, 유튜브, 틱톡 등이 동영상 소비 시대를 열게 된 것은 추천 시스템 때문이다. 요즘은 인터넷 포털 뉴스 콘텐츠도 추천 시스템이 개인의 관심사를 고려해서 맞춤형 뉴스를 제공해준다.

추천 시스템은 아마존에서 적용하기 시작했다. 아마존은 최초에 협업 필터링collaborative filtering 알고리즘을 채택했다. 추천 알고리즘은 지속적으로 발전해서 행렬분해matrix factorization, 오토인코더autoencoder, 디노이징 오토인코더denoising autoencoder 등이 등장했다. 최근에는 빅데이터 및 머신러닝을 활용한 추천 시스템으로 진화하고 있다. 이제 플랫폼 경제가 대세다. 요즘의 플랫폼은 제품 및 콘텐츠에 대한 추천 시스템의 성능으로 승패가 좌우된다.

2021년 1월부터 국내 서비스를 시작한 스포티파이는 전 세계 가입자가 3억 5,000만 명으로, 일명 '음원계의 넷플릭스'로 불린다. 스포티파이는 음원, 팟캐스트, 오디오북을 제공한다. 이제 국내에서도 스포티파이가 보유한 약 7,000만 개의 음원을 빅데이터와 인공지능을 이용한 맞춤형 큐레이션을 통해 들을 수 있다. 또한 스포티파이는 40억 개에 이르는 양질의 플레이리스트를 제공한다. 스포티파이의 콘텐츠 추천 시스템은 사용자가 선호하는 오디오 콘텐츠 장르, 서비스 이용 시간대, 어떤 음악을 플레이리스트에 담고 어떤 음악은 지나치는가를 고려한다. 스포티파이는 창작자 전용 플랫폼도 제공한다. '스포티파이 포 아티스트'는 아티스트에게 팬들이 어떤 음악을 듣고 싶어 하는지, 열성 팬은 누구인지를 알려준다. 국내 음원 제공 업체도 경쟁력을 강화하기 위해서는 이용자에게 차별화된 개인 맞춤 음원 서비스를 제공해야 한다.

앞으로 5G 콘텐츠 시대가 올 것이다

5G는 최대 속도 20Gbps에 달하는 이동통신 기술이다. 4세대 통신인 LTE에 비해 속도가 20배 빠르고, 처리 용량은 100배 많은 수준이다. 5G의 활용 분야는 VR 게임, VR 교육, DSD direct stream digital 스트리밍, 자율주행차 등이다. 과거의 콘텐츠가 텍스트, 이미지, 음악 등이었다면, 5G 콘텐츠의 특징은 대용량 동영상이 주를 이룬다는 것이다. 또한 다양한 소프트웨어의 등장과 함께 아날로그 매체에 기록되어 있는 콘텐츠들이 디지털 매체와 인터넷에 기반한 기록 형식으로 전환되는 것 등이 5G 콘텐츠의 특징이다. 국내에서는 5G의 속도가 느리고 음영지역이 많다는 불만이 증가하고 있지만, 이는 결국 해소될 문제다. 더욱 중요한 것은 5G 통신의 활용성인

데, 이는 5G로 전송할 콘텐츠가 부족하다는 것이다.

최근에는 LG유플러스를 주축으로 한 5G 콘텐츠 연합체 'XR 얼라이언스Global XR Content Telco Alliance'가 결성됐다. XR은 가상현실VR, 증강현실AR, 혼합현실MR과 미래에 등장할 신기술까지 포괄하는 확장현실eXtended reality을 의미한다.

2020년 9월 출범한 XR 얼라이언스는 LG유플러스가 의장사를 맡았으며, 퀄컴Qualcomm, 벨 캐나다Bell Canada, KDDI, 차이나텔레콤China Telecom, 펠릭스 앤 폴 스튜디오Felix & Paul Studios, 아틀라스 파이브Atlas V 등 7개 사업자가 참여한다. 이들은 세계 유명 공연, 동화, 애니메이션 등에서 콘텐츠를 선정해 제작 및 제공할 예정이다. 이처럼 5G 시대에는 콘텐츠의 중요성이 더욱 부각되면서, 다양한 부문에서 콘텐츠에 대한 발 빠른 대응이 나타날 것이다. 정부 역시 '5G+ 이노베이션 프로젝트'를 통해 실감 콘텐츠, 자율주행차, 스마트 팩토리, 스마트시티, 디지털 헬스케어 분야의 콘텐츠 활성화에 집중할 예정이다.

아직 무시할 수 없는 초창기 콘텐츠

콘텐츠 산업이 디지털 기술을 타고 훨훨 날고 있지만, 아직도 전통적인 콘텐츠가 차지하는 비중은 크다. 우리는 여전히 실생활에서 블로그나 카페 등을 많이 활용한다. 전문적인 인터넷 카페나 앱은 계속해서 많은 사람이 찾고 있다. 대표적인 사이트가 '독취사' '블라인드' '인디스쿨' 등이다. 이들의 공통점은 정보 및 지식 공유를 넘어서 경험을 공유한다는 점이며, 민간 주도로 운영된다는 것이다. 이러한 민간 카페는 특정 집단이 간절히 원하는 인텐션을 해결해주는 역할을 충실히 수행하고 있다.

네이버 카페 독취사는 '독하게 취업하는 사람들'의 약어다. 2008년 시작된 이 카페는 현재 300만 명의 회원이 활동하고 있다. 아마도 취업을 희망하는 젊은 층은 대부분 가입되어 있을 것이라 짐작된다. 독취사는 2020년 네이버 대표 카페로 선정되었고, 그중에서도 회원 수, 방문자 수, 게시글 수, 카페 랭킹 부문에서 모두 1위를 차지했다. 이곳에는 매일 많은 채용공고가 게재되며 다양한 취업 정보가 제공된다. 회원들은 이곳에서 스펙specification에 필요한 필수 정보를 얻고, 자기소개서, 인·적성 검사, 면접 등 취업에 필요한 모든 정보를 서로 교환한다. 독취사는 콘텐츠의 우수한 질과 방대한 양뿐만 아니라 신속성 측면에서도 최고 수준이다. 대기업이 필기시험 또는 면접을 진행한 날이면, 당일 저녁 게시판에 바로 시험문제 및 면접 질문 사항에 관한 글이 올라온다. 취업 시험 응시자들이 전하는 생생한 면접 후기는 덤이다. 정부 관계자들마저도 독취사 카페에 부러움을 드러낼 정도다.

2000년 초등학교 교사 온라인 커뮤니티로 시작한 인디스쿨Indischool은 교사들의 자발적인 커뮤니티이다. 2010년 비영리단체로 등록되었으며, 현재 전체 초등교사의 75%에 달하는 14만 명의 회원을 보유하고 있다. 인디스쿨의 운영과 재정적인 지원은 모두 자원봉사자와 기부를 통해 이루어지고 있다. 인디스쿨의 회원은 모두 초등학교 교사로, 이들은 주로 수업 시간에 필요한 지도안 등의 자료를 인디스쿨에서 공유한다. 물론 소통과 공감대를 형성하는 커뮤니티로 활용하고 있기도 하다. 최근 인디스쿨은 기존에 인터넷데이터센터^{IDC}에서 운영하던 모든 시스템을 아마존웹서비스^{AWS}로 이전하였다.

요즘 초등학교 교육은 지식 전달보다는 학생들의 사회성 함양에 집중하고 있다. 그만큼 요즘은 각 가정에서 인성 교육에 할애하는 시간이 줄어들고 있기 때문이다. 교사들이 교직 생활을 하면서 겪는 어려움은 학생 및 학부모와 관계에서 오기도 한다. 교사들은 관계 속에서 생기는 문제를 해결하기 위해 인디스쿨을 찾는다. 본인이 겪은 갈등 상황을 게시판에 올리면 많은 교사들이 관심을 갖고 응답해주기 때문이다.

과거 교육부 사이버학습에 관한 컨설팅을 하면서 '왜 정부기관은 교사들을 위한 커뮤니티를 운영하지 못할까?' 하는 의문을 품었다. 혹자는 '정부에서 교사들을 위한 카페를 개설하면 누가 참여하겠는가?'라고 반문한다. 아마도 교사들은 감시당하는 느낌을 떨쳐버릴 수 없을 것이다. 그래서 민간 주도의 커뮤니티가 활성화될 수밖에 없다.

콘텐츠 시대의 미래

이제 콘텐츠와 SNS를 따로 생각하는 시대는 지났다. 유튜브, 페이스북, 인스타그램, 틱톡, 클럽하우스, 메타버스 등은 '콘텐츠 + SNS'로 비즈니스 모델이 구축되기 때문이다. 인터넷 비즈니스의 4C는 콘텐츠, 커뮤니티, 상거래, 협력이다. 이는 콘텐츠로 사람을 모아서 커뮤니티를 형성하고, 이를 통해 광고 또는 상품 판매와 같은 상거래를 실현시키고, 종국에는 다른 플랫폼과 연동이 되는 협력을 이룬다는 의미이다. 또한 콘텐츠와 SNS는 세분화되고, 니치마켓niche market을 형성한다. 이는 앞으로도 더욱 다양한 콘텐츠와 SNS 비즈니스 모델이 등장할 여지가 있다는 의미이다. 5G 시대의 게임과 VR 콘텐츠, 6G 시대의 3D 홀로그램 콘텐츠 등이 바로 그것이다. 페이스북의 성장을 보면 새로운 콘텐츠 카테고리의 등장이 얼마나 파급력을 미치는지 실감을 한다. 새로운 콘텐츠 장르를 창출하기 위해서는 고객이 간절히 추구하는 원츠wants를 파악하기 위해 끊임없이 연구해야 한다. 유튜브는 원거리에 있는 친구와 생일파티 동영상을 공유하기 위해서 만들어졌고, 페이스북은 하버드대 여학생들을 소재로 '이상형 월드컵' 게임을 시작했다가 플랫폼의 단초를 얻은 것이다. 향후 콘텐츠의 미래가 더욱 궁금해진다. 더 많은 스타트업이 미래를 향한 도전을 하고 있기 때문이다.

뉴미디어 시대의 마케터는 '마케팅'하지 않는다

#1 직장인 K씨는 '차박' 캠핑이 유행함에 따라 차박 캠핑이 가능한 SUV를 구입했다. 그는 차박 캠핑에 관한 지식을 얻기 위해 유튜브에서 차박 캠핑 동영상을 열심히 보고 있다. 어느 동영상에서 여자 캠퍼가 차 안에서 220V 전원에 휴대용 인덕션을 연결해서 음식을 하는 장면을 보고 구매 충동이 일었다. 그는 이를 위해 차박용 전원 공급 장치인 파워뱅크가 필요하다는 것을 알았고, 즉시 네이버에 '파워뱅크'를 검색했다. 그런데 네이버 쇼핑 목록에 '파워뱅크'가 6만 2,000여 건이 뜨는 것을 보고 당황했다. 도대체 어떤 상품을 사야 할까? K씨는 몇 페이지를 검색하다가 이내 포기하고 말았다. 소비자가 원하는 효율적인 검색 시스템은 없을까?

#2 "고객 한 분, 한 분의 전화가 저희에게는 모두 소중합니다." "귀하의 사업이 번창하는 것이 우리의 보람입니다." "저희 회사는 고객을 최고의 가치로 생각하고, 고객 여러분의 편의를 위해서…" 등과 같은 기업의 메시지를 우리는 수도 없이 많이 접해왔다. 바로 고객 만족 경영이라는 것이다. 그러나 고객이 피부로 느끼는 현실은 전혀 그렇지 않다. 기업들의 이러한 슬로건은 '고객 중심의 탈을 쓴 판매 중심적 개념'일 뿐이다. 이제 CRM · 고객 만족 등의 마케팅 슬로건은 냉정하게 평가받는 현실이다. 디지털 시대에는 진정으로 고객 가슴에 와닿는 마케팅이 필요하다.

#3 필립 코틀러Philip Kotler 박사는 마케팅의 이론을 정립하고 4P 개념을 전파한 '마케팅의 아버지'로 불린다. 그는 1931년생으로 올해 나이 90세다. 그런 그가 2021년 《필립 코틀러 마켓 5.0》을 출간했다. 마케팅의 대가 필립 코틀러도 자신이 세운 아날로그 마케팅의 한계를 인정하고 디지털 마케팅의 전도사로 나섰다. 이 책에는 인공지능으로 마케팅을 자동화하고, 빠르게 변하는 사회에 맞게 마케팅도 변화해야 하며, '어디서나' 서비스가 제공되어야 한다는 내용이 들어 있다. 고령의 필립 박사가 디지털 마케팅에 대한 저서를 집필한 것은 아날로그 마케팅이 디지털 마케팅으로 숨 가쁘게 전환되는 장면을 극적으로 보여준다.

최근 들어 디지털이 사회의 다양한 영역에 침투하고 있지만, 그중에서도 마케팅 분야는 가장 주목받는 영역이다. 특히 인플루언서 마케팅은 최근 SNS에 힘입어 더욱 활성화되었다. 인스타그램에서 연예인과 셀럽이 화장품, 주얼리, 의류, 건강식품 등을 홍보하는 인플루언서 역할을 한다. 디지털 마케팅은 단기간에 성과를 나타낼 수 있어서 향후 더욱 진보된 발전이 기대된다.

바야흐로 지금은 디지털 시대라는 것을 모두가 인식하고 있다. 디지털화는 기업, 정부, 사회 모든 측면에서 가슴에 와닿을 정도로 실감을 하지만, 그중에도 대표적인 분야가 디지털 마케팅이다. SNS를 통한 상품 광고, 인플루언서 마케팅, 사이렌 오더를 통한 커피 주문, 백화점의 디지털 거울 등 이루 셀 수 없을 정도로 다양한 디지털 마케팅이 우리 생활 곳곳에 침투해 있다.

디지털 마케팅digital marketing이란 인터넷을 기반으로 하는 장치를 통해 온라인 광고로 소비자들에게 제품과 서비스를 알리고, 판매하는 것이다. 이는 인터넷 및 모바일 포털과 SNS 등을 통해서 이루어지는데, 검색 기능과 고객 활동 데이터를 통해 가능하다. 최근 디지털 마케팅의 키워드는 인플루언서 마케팅, 콘텐츠 마케팅, AI 마케팅, 그로스 해킹growth hacking, 초개인화 시대, 검색 엔진최적화SEO, 고객 경험 등이다.

맞춤 정보 제공으로 실제 구매율 60% 증가

초개인화란 개인의 상황과 필요에 적합하도록 기업이 개별적인 맞춤 혜택을 제공하는 것이다. 이는 취향과 라이프 스타일을 중시하는 MZ세대 특징을 겨냥한 마케팅 기법이다. 이를 위해 일상에서 소비자의 취향이나 관심사를 파악해 알고리즘에 반영해야 한다. 전문가들은 AI 기반의 초개인화가 마케팅 성패를 좌우할 것이라 전망하고 있다. 따라서, 기업에서는 고객의 데이터를 분석해 맞춤형 콘텐츠와 상품 등을 제공하고 추천하는 개인 맞춤 서비스를 활성화하고 있다.

구독경제 중심의 OTT 스트리밍 플랫폼들은 개인 맞춤형 큐레이션 서비스를 제공한다. 넷플릭스, 유튜브 등은 고객의 취향에 맞는 콘텐츠를 추천하는 맞춤형 추천 알고리즘을 활용한다. 빅데이터 속 개인별 시청 기록을 통해 고객의 취향을 파악하고, 그것에 맞는 콘텐츠를 추천하는 방식으로 '초개인화'를 실행하는 것이다. 또한 음악 스트리밍 업체인 멜론, 벅스 등은 고객 취향의 음악 콘텐츠를 편리하게 이용할 수 있도록 기업 자체 알고리즘을 통한 추천뿐 아니라 서비스를 이용하는 시청자들 간의 소통을 통해 취향에 맞는 음악 플레이리스트를 공유하고 있다.

국내 보험사들은 로보어드바이저를 활용하여 고객 맞춤형 상품 추천, 포트폴리오 제공, 노후 준비 및 은퇴 설계 등의 서비스를 제공한다. 또한 빅데이터를 활용하여 고객 행동을 기반으로 한 초개인화 마케팅을 전개하고 있다. 인터넷 뱅킹 앱 등에서 확인할 수 있는 고객의 비정형 행동 정보를 인공지능으로 분석하여 개인별로 최적화된 맞춤형 금융상품을 추천하는 서비스를 제공하는 것이다. 더불어 맞춤형 자산 관리 서비스를 통해 고객의 금융자산을 분석해 안내한다. 여러 금융사에 있는 자산을 분석하고 소비 습관을 분석하는 한편, 데이터를 기반으로 투자와 대출 등의 상황을 분석해 고객의 자산은 어떻게 관리되고 있으며 소비는 어떻게 이루어지는지 상세히 안내하는 것이다. 단순히 연령별, 직업별, 소득별 서비스를 제공하는 것에서 더 나아가 개인의 다양한 재정 상황에 맞는 세부적인 해결책을 도출해낸다. 이 모든 과정은 디지털 기술을 통해 더욱 빠르고 효율적으로 고객에게 제공된다.

과거에는 모두 개인화 방식을 통해 양복, 구두 등을 수작업 맞춤형에 의존했다. 그러나 규모의 경제를 바탕으로 대량생산 시스템이 갖춰지면서 매장에서 기성품을 구입하는 방식으로 변했다. 이는 소품종 대량생산을 뜻한다. 그러던 것이 다품종 소량 생산으로 니치마켓에 대응했고, 점차 원투원one to one 마케팅으로 방향을 선회했다. 디지털 기술이 보편화된 오늘날에는 초개인 맞춤화가 가능해진 것이다.

아웃도어 브랜드인 아디다스의 스피드 팩토리에서는 3D 프린터를 이용해 개인 맞춤형 운동화를 만들 수 있다. 개인의 발에 맞춘 밑창을 포함해 완성된 운동화를 24시간 내로 받아볼 수 있다. 이를 위해서는 고객과 가까운 곳에서 제조해야 한다. 짧아진 운송 거리와 낮은 재고 관리 비용이 스피드 팩토리의 가장 큰 장점이다. 아디다스의 스피드 팩토리는 자동화, 분권화, 유연 생산을 기반으로 가까운 미래에는 상점에서도 초개인화를 경험할 수 있을 것이라는 가능성을 제시했다.

신세계는 자사 온라인 몰인 신세계몰과 쓱닷컴, 그리고 애플리케이션에 AI 기술을 활용하여 다양한 고객 맞춤형 서비스를 제공하고 있다. 대표적인 사례는 '쓱닷컴에서 제공하는 '쓱렌즈'와 'S마인드'를 꼽을 수 있다. 쓱렌즈는 이미지 검색을 통해서 고객들의 쇼핑을 돕는 서비스로 딥러닝 기반의 이미지 분석 기술을 바탕으로 한다. 고객이 구매를 원하는 스타일의 옷을 사진으로 찍기만 하면 비슷한 소재, 형태, 패턴, 색감을 가진 유사 상품을 찾아준다. 이를 통해 고객들은 이전보다 더 적은 노력으로 편리하고 간편하게 쇼핑할 수 있게 되었다.

인공지능 고객 분석 시스템인 S마인드는 가입된 고객의 최근 구매 패턴과 선호 장르 등을 분석해 맞춤형 쇼핑 정보를 제공한다. 이는 고객이 원하고 그들에게 필요한 정보만 선별해 제공한다는 점에서 더욱 개인화된 서비스가 가능해진 것이다. 정기 세일 기간 동안 애플리케이션을 통해 정보를 제공 받은 고객 중 60%가 실질 쇼핑으로 이어지면서, 이러한 서비스가 실제 매출 실적에도 크게 기여했음을 증명했다. 이는 기존 인쇄물을 통해 정보를 제공했을 때와 비교해 12% 정도 향상된 성과를 보인 것이다.

미국의 문구류 업체인 스테이플스^{Staples}는 인공지능 '이지 버튼^{easy} ^{button}'을 출시했다. 이지 버튼은 소비자들의 구매 과정을 매우 간단하고 편리하게 단축해주는 인공지능 구매 도우미이다. 사무실에서 소모품으로 사용하는 펜, 마커, 테이프, 커피 등의 비품들은 대부분 정기적으로 구매하게 되는 상품들이다. 따라서 사람들은 이러한 비품을 구매하는 데 많은 시간과 노력을 기울이고 싶어 하지 않는다. 이에 스테이플스는 구매 단계를 단축시킨 이지 버튼을 만든 것이다. 이 과정에서 B2B 문구 전문 유통 회사였던 스테이플스는 새로운 경쟁력을 얻게 되어 매출 부진을 극복할 수 있게 되었다.

이지 버튼은 기본적으로 언제 어디서든 필요한 제품이 생겼을 때 애플리케이션, 문자, 이메일, 심지어는 사진을 통해서 빠르고 간편하게 주문할 수 있게 해준다. 이는 단순히 음성을 인식해서 필요한 제품을 주문해 주는 것을 넘어서는 기술이다. 이지 버튼은 고객과의 지속적인 상호작용을 통해서 '스스로 학습'한다는 특징을 가지고 있다. 이를 바탕으로 "A사의 0.7mm 파란색 펜을 주문해 줘."라고 자세히 말하지 않아도, 이지 버튼은 그동안의 상호작용을 통한 데이터를 바탕으로 고객이 어떤 파란색 펜을 원하는지 이미 알고 있다.

1인 미디어 시대, '사람'이 곧 '마케팅'이다

1인 미디어가 등장하고 인기를 얻기 시작하면서 마케팅 또한 1인 미디어 쪽으로 시선을 돌리고 있다. 캠핑 상품을 판매하는 경우, 캠핑 유튜버에게 제품을 제공하고 영상 촬영을 요청한다. 평소 캠핑을 하고자 했던 고객들은 유튜버가 올린 캠핑 제품을 보고 실제로 사용했을 때의 모습을 확인하고 구매를 진행한다. 캠핑뿐만 아니라 다양한 분야에서 인플루언서 마케팅을 진행하고 있다. 앞서 살펴본 가상 인간 모델을 이용해 홍보하는 활동도 인플루언서 마케팅의 일환으로 볼 수 있다. 그들은 인스타그램 등을 통해 고객과 소통하고, 수십만 명 이상의 팔로워를 가진 인플루언서로 활동하면서 광고 촬영까지 진행해 상품의 구매율을 더욱 높인다.

인플루언서 마케팅은 최근 시작한 것이 아니라 20년 전에도 존재했다. 사례를 들어보자면, 농약 회사가 잔류 농약 성분이 적은 우수한 농약을 홍보하기 위해서 대형마트의 신선식품 매장과 접촉을 한다. 대형마트는 자사에 농산물을 납품하는 농민에게 잔류 농약 성분이 적은 특정 농약을 사용하기를 권고한다. 따라서 농약 회사의 상품 판매가 효과적으로 이루어진다. 이처럼 인플루언서 마케팅이란 고객에게 큰 영향을 줄 수 있는 대형마트와 같은 매개체를 통해 자사 상품을 마케팅하는 것이다.

미국에서는 인플루언서 마케팅으로 올해는 30억 달러, 내년에는 40억

미국 인플루언서 마케팅 지출 비용, 2019~2023

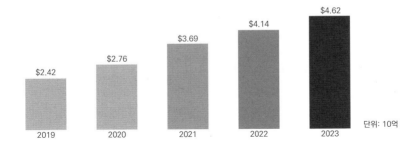

자료: www.emarketer.com

달러 이상이 투자될 것으로 예측한다. 이는 코로나19 상황에서 더욱 가속화
될 전망이다. 전염병으로 인해 미디어를 이용하는 사람들이 많이 늘어났고,
그만큼 인스타그램과 유튜브 등의 SNS를 할 기회가 늘었다. 이는 많은 구독
자나 팔로워를 보유한 인플루언서를 접할 기회가 많아졌다는 것을 뜻한다.

　한편, 최근에는 인플루언서의 범위가 넓어졌다. 인스타그램을 보면 셀
럽, 연예인뿐만 아니라 외모가 출중하여 수만 명의 팔로워를 거느린 일
반인들이 인플루언서 역할을 한다. 이러한 마이크로 인플루언서micro-
influencer가 홍보하는 상품은 화장품, 주얼리, 의류, 건강식품 등이다. 마이
크로 인플루언서는 연예인에 비하면 작은 규모이나 틈새 분야를 이끄는 사
람들이다.

　특히 중소기업들에게 마이크로 인플루언서는 좋은 파트너다. 에미레이

트항공Emirates이 할리우드 영화배우 제니퍼 애니스톤Jennifer Aniston에게 56억 원을 지급했던 광고는 유튜브 시청 횟수 600만 뷰를 달성한 바 있다. 인플루언서 마케팅을 위해서 기업은 브랜드 가치와 유사한 인플루언서를 발굴하는 것이 무엇보다 중요하다.

콘텐츠로 브랜드 이미지를 만든다

콘텐츠 마케팅은 브랜드 이미지 개선을 위해 SNS나 웹사이트 등에 음악, 동영상 등을 업로드하는 것을 말한다. 이는 브랜드 저널리즘brand journalism으로 정의할 수 있다. 콘텐츠 마케팅의 대표적인 사례인 삼성생명은 자체 웹사이트, 디지털 매거진, 유튜브, 네이버 포스트, 페이스북을 통해 메시지를 전달하고 있다. 이는 MZ세대 직장인 타깃의 '히릿: 행복할랩', 배드민턴 채널 '콕쳐', 탁구 채널 '탁쳐' 등이다. '탁쳐'의 총 시청 횟수는 845만 회에 이를 정도다. 삼성생명은 구매 여정 4단계 중 첫 번째인 인지 단계와 두 번째인 관심 단계에 해당하는 콘텐츠를 제작·배포하는데 주력하고 있다. 또한 전통적인 정보형 콘텐츠와 더불어 타깃 오디언스target audience와 공감할 수 있는 콘텐츠를 많이 제작하고 있다.

펫프렌즈는 반려동물 사료, 용품, 간식 등을 취급하는 전문 몰이다. 반려동물 관련 사업은 브랜드 신뢰도가 중요한 업종이다. 펫프렌즈는 고객들과 효과적으로 소통하기 위해 웹툰을 만들었다. 펫프렌즈의 웹툰은 인스타그램을 통해 제공한다. 웹툰에서는 브랜드 이야기 외에도 반려동물 문화에 관해 말하기도 하고 좋은 제품을 소개하기도 한다. 또한 브랜드의 속성을 넘어 반려동물에 대한 사랑을 이야기하며 고객들과 공감하는 펫프렌즈만의 감성을 엿볼 수 있다. 이렇듯 펫프렌즈는 브랜드 이미지가 잘 구축되어 있어, 로열티가 매우 높은 것으로 알려져 있다.

인공지능이 만든 광고 카피가 2배 이상 효율을 높인다

인공지능 마케팅은 상품 개발이나 마케팅에 인공지능 기법을 적용한 것이다. 퍼사도Persado는 머신러닝과 자연언어처리 기술을 이용해 소비자 행동을 고무시키는 광고 메시지를 생성하는 시스템을 개발해, 많은 기업에 제공한다. 이는 '인지적 콘텐츠 플랫폼cognitive content platform'이라는 알고리즘을 통해 사람의 마음을 움직이는 콘텐츠를 생성한다. 이렇게 생성된 콘텐츠는 주로 웹사이트나 이메일, 페이스북 등 SNS 광고에 삽입되는 캠페인 메시지로 사용된다.

사람과 인공지능이 만든 광고 카피의 차이는 무엇일까? 예를 들어 여

행사 마케터는 '기간 한정! 저렴한 항공편을 지금 예약하세요'와 같이 말하지만, 퍼사도는 '나 자신에게 일생에 남을 여행을 선물해 보세요. 지금 출발할까요?'처럼 카피를 만든다. JP모건체이스JPMorgan Chase는 이렇게 만든 카피로 광고할 때 인간이 만든 광고보다 2배 이상의 클릭률을 기록한다고 한다. 퍼사도는 인공지능 시스템을 기업의 내부 시스템과 통합하는 '퍼사도 커넥트Persado Connect'를 출시했다. 퍼사도는 마이크로소프트, 메트라이프, 버라이존Verizon, 씨티은행 등 100여 개 기업들에 서비스를 제공해 10억 달러 이상의 매출을 올리고 있다.

삼성카드는 딥러닝 기반으로 고객 데이터를 실시간으로 분석해 개별 고객의 상황과 니즈, 성향을 종합적으로 반영한 마케팅 기법을 선보이고 있다. '실시간 데이터 기반 AI 마케팅 체계'를 활용하여 고객들에게 'AI 큐레이션' 서비스를 제공하는 것이다. AI 큐레이션은 실시간 데이터를 기반으로 고객에게 가장 적합한 서비스와 혜택을 삼성카드 웹사이트, 앱, 챗봇 등을 통해 추천하는 서비스다.

아웃도어 브랜드 노스페이스는 IBM의 인공지능 왓슨으로 인공지능 전자상거래 방식을 적용한다. 구매 페이지를 방문한 고객이 원하는 상품의 용도를 왓슨에게 말하면, 왓슨은 고객이 말한 용도에 적합한 상품을 추천하는 식이다.

아마존의 스피커 에코Echo는 인공지능인 알렉사를 연결하여 고객과 대화한다. 고객은 알렉사에게 음성 기반으로 상품 관련 정보를 얻고 주문까지 할 수 있다. 아마존은 알렉사를 통해 고객 서비스를 한 차원 높였다. 거기에 더해 아마존은 알렉사의 인터페이스를 개방했다. 이는 자동차, 장난감, 가전제품 등과 알렉사를 연결해서 아마존의 고객 접점을 무한 확장하는 전략이다.

드롭박스가 회원 가입률을 60% 증가시킨 방법

성장을 뜻하는 그로스growth와 해킹hacking을 합한 그로스 해킹은 상품 및 서비스의 개선 사항을 계속 점검하고 반영함으로써 사업을 성장시키는 온라인 마케팅 기법이다. 또한 그로스 해킹은 개인 취향을 파악하여 효과적으로 고객에게 접근해 낮은 예산으로 높은 광고 효과를 기대할 수 있다. 이는 미국의 유명 마케터 션 엘리스Sean Ellis가 최초로 제안한 개념으로, 상품이나 서비스와 관련된 실험을 지속해서 실시하는 것을 말한다. 개선 사항을 점검하고 이를 즉각 반영하여 꾸준한 성장을 이루기 위해서는 데이터를 기반으로 하는 분석과 실험이 매우 중요하다. 즉 서비스와 제품에 대한 소비자 기반 데이터를 분석한 다음, 이를 토대로 가설과 목표를 세우고, 목표에 맞는 해결책을 직접 도입한 뒤, 그 결과를 다시 가설 단계에 반영해 점진적으로 서비스를 개선해나가는 형식이다.

클라우드 저장 공간 제공 업체인 드롭박스Dropbox는 신규 사용자가 서비스를 알게 되는 경로가 대부분 친구라는 점에 주목했다. 친구 추천으로 가입하면 두 사람 모두에게 500MB씩의 무료 공간을 제공하는 추천 프로그램으로 엄청난 마케팅 효과를 얻게 되었다. 드롭박스 첫 페이지에 '무료 공간을 가져가세요'라고 적힌 작은 버튼을 하나 추가한 것인데, 이로 인해 드롭박스는 한 달에 280만 명의 신규 가입자를 유치하게 되었다. 즉 회원 가입률 60%가 증가한 것이다.

음식 배달 플랫폼인 요기요는 방대한 데이터를 수집하여 한국 배달 시장의 배달 실패율이 10%에 달한다는 문제점을 발견하였다. 요기요는 배달 실패가 발생한 지역을 조사하다 문제의 원인을 찾았다. 바로 오토바이가 들어갈 수 없는 지역이 배달 가능한 곳으로 표시되는 것이 원인이었다. 요기요는 이를 해결하기 위해 자체적인 배달 지도를 만들어 배달 실패율을 0%에 근접하게 낮추었다.

페이스북은 신규 가입자가 가입한 지 10일 이내에 7명 이상의 친구를 만들면 페이스북에 머무는 시간이 증가한다는 것을 발견했다. 따라서 '알 수도 있는 친구' 기능을 제공하여 가입자가 보다 많은 친구를 맺을 수 있도록 했다. 이 기능을 통해 소극적인 가입자라 할지라도 활발하게 서비스를 이용할 수 있게 유도했고, 이는 가입자 스스로가 주변 지인에게 페이스북을 홍보하는 효과를 낳아 전체 가입률까지 높이는 결과를 얻게 되었다.

검색만 잘 돼도 매출이 오른다

검색엔진 최적화SEO, search-engine optimization는 콘텐츠가 더 많은 사람에게 노출되도록 구글, 네이버, 다음 등과 같은 검색엔진에서 이용자들에게 효과적으로 보이게 하는 기술을 말한다. 다시 말해서 트래픽의 양과 질을 개선하는 작업을 뜻한다. 그로스 해킹처럼 큰 비용을 들이지 않고도 효과적으로 신규 고객을 늘릴 수 있는 전략이다. 어떤 사이트가 검색 결과에 빨리 나타날수록, 즉 순위가 더 높을수록 사용자들이 그 사이트를 클릭할 가능성이 커지기 때문이다.

SEO 마케팅의 대표적인 사례는 드론 회사인 UAV 코치UAV Coach이다. 이 업체는 브랜드 이미지와 산업 내의 권위를 얻기 위한 전략으로 6단계 SEO 절차process를 수행하였다. 이는 ① 키워드 및 경쟁자 분석 ② 콘텐츠 작성 ③ 페이지의 최적화 ④ 가능 고객 발굴 ⑤ 콘텐츠 프로모션 ⑥ 링크 구축으로 이루어진다. 이를 위해서는 '구글 키워드 플래너'를 활용하는데, 6단계 중 첫 번째 단계인 '키워드 및 경쟁자 분석'을 위해 월 검색량 기준으로 트래픽의 잠재력을 평가한다. 경쟁력이 떨어지는 키워드를 타깃으로 해서 더 빠르게 순위를 지정한다. 경쟁 업체가 놓치고 있는 키워드를 변형해 유기적인 트래픽을 극대화한다. 또한 구매자 이동의 여러 단계에서 키워드를 검색 의도와 일치시킨다. 두 번째 단계인 '콘텐츠 작성' 단계에서는 SERP^{search engine result page}에서 게시물이 눈에 띄고 클릭률을 높일 수 있도록 콘텐츠를 조정한다. 이때 콘텐츠 형태와 품질, 즉 내용의 깊이, 최신성, 적용성, 사용자 경험 제공 등을 고려한다. UVA 코치는 6단계 절차를 통해 6개월 만에 오가닉 트래픽^{organic traffic}을 1만 1,065%로 향상시켰다. 국내에서는 사람인, 잡플래닛 등이 브랜드명 SERP, 메타 디스크립션^{meta description}, 메타 키워드 등을 적절히 활용하여 SEO 마케팅을 성공한 사례로 꼽힌다.

검색엔진 최적화가 이루어지면, 사용자가 검색을 했을 때 검색엔진에 해당 웹사이트가 노출되는 빈도가 증가한다. 또한 실제로 구매로 이어지는 키워드와 콘텐츠를 파악해서 효과를 극대화할 수 있다. 궁극적으로는 웹사이트의 인지도와 신뢰도를 개선할 수 있고, 방문자 수 증가로 더 많은 비즈니스 기회를 창출할 수 있다.

한눈에 보는 디지털 마케팅 로드맵

지금까지 디지털 마케팅 분야의 인플루언서 마케팅, 콘텐츠 마케팅, AI 마케팅, 그로스 해킹, 초개인화 시대, SEO 등을 알아보았다. 이러한 다양한 개념을 디지털 마케팅 로드맵을 통해 정리해보자.

① 조사: 이상적인 고객과 고객의 문제점^{pain point}을 정의하며, 문제 해결 방법에 대한 '메시지'를 작성한다.

② 웹사이트 설계: 웹사이트는 사업에서 가장 중요한 부분이다. 전문적이고 'SEO 친화적인' 대응 사이트를 구축한다.

③ 랜딩 페이지: 프로모션 및 '관심 고객 개발' 페이지는 변환 속도를 향상시키며, 리드 폼^{lead foam}이 통합된 특정 페이지를 만든다.

④ 웹 분석: 마케팅을 시작하기 전에 성능을 추적할 수 있어야 한다. 이를 위해 구글 마케팅 플랫폼인 구글 애널리틱스^{Google Analytics}를 사용하여 결과를 측정한다.

⑤ 콘텐츠 마케팅: 기업의 잠재 고객이 '관심을 기울이도록' 만족시켜야 한다. 이는 기업의 전문 지식을 보여주고, 소비자의 흥미를 유발한다.

⑥ ADS 클릭당 비용: 유료 광고는 트래픽과 리드를 생성하는 빠른 방법이다. 메시지를 테스트하고 통찰력을 수집할 수 있다.

⑦ SEO: 많은 사람들은 정보를 찾기 위해 구글을 사용한다. 지금 검색 엔진 최적화를 시작하면 사이트의 검색 순위를 높일 수 있다.

⑧ 이메일 마케팅: 이메일은 잠재 고객을 고객으로 전환하는 가장 좋은 방법 중 하나이다. 이메일 자동화 소프트웨어를 사용하여 대상 캠페인을 전송한다.

⑨ 블로깅: 블로그는 브랜드를 구축하고 고객을 기업의 사이트로 끌어들

디지털 마케팅 로드맵

자료: www.yewbiz.com

이는 좋은 방법이다. 많이 공유되도록 고품질 게시물을 만들어야 한다.

⑩ 소셜 미디어: SNS는 기업의 브랜드를 홍보하는 데 도움을 줄 것이고 SEO를 도울 수 있다. 잠재 고객이 사용하고 있는 소셜 플랫폼을 사용한다.

⑪ 동영상 & 다양한 미디어: 아이디어와 풍부한 미디어^{인포그래픽} 등는 잠재 고객을 참여시키는 데 도움이 된다. 제품 및 서비스를 보여주는 동영상을 만든다.

⑫ 광고 디스플레이: 배너 광고는 브랜드 인지도를 높이는 데 도움을 줄 수 있다. 시각 유도를 위해 리마케팅 광고를 사용한다.^{리마케팅 광고}

란 기업의 웹사이트를 방문했던 이용자를 타깃팅하여 구매 단계에 따라 각각 다른 메시

지 광고를 내보내는 형태의 광고. 이용자의 검색 기록과 인터넷 경로를 기반으로 맞춤형

배너 광고를 제공하는 높은 효율성으로 광고주들로부터 호응을 얻고 있음

⑬ 광고 제휴: 제휴사를 이용하는 것은 기업의 매출을 증가시키는 좋
은 방법이다.

고객의 입장에서 생각하는 기업이 성공한다

시장점유율을 따지던 시대는 지났다. 이제는 고객점유율이 중요하다.
고객은 기업 최대의 자산이다. 최악의 기업과 최고의 기업은 고객관리에서
나누어진다. 기업이 얼마나 고객의 마음을 이해하고, 고객과 좋은 관계를
유지하기 위해 노력하는지에 따라 매출이 달라진다.

고객경험관리CEM, customer experience management는 컬럼비아대학교
Columbia University의 번트 슈미트Bernd H. Schmitt 교수가 자신의 저서 《CRM
을 넘어 CEM으로》에서 제시한 개념으로, 재화나 서비스의 정보 탐색부터
구매 후 평가 단계에 이르기까지 고객이 기업의 브랜드와 직·간접적으로
접촉하면서 생기는 경험을 관리하는 것이다. 고객 경험의 범위는 다음과
같다.

- 제품 및 서비스: 품질 불량, 주문을 위한 긴 대기 줄 등

- 커뮤니케이션: 광고, 홍보, 판촉, 이벤트, 소비자 상담, WEB 등

- 사람: 대리점 · 영업소 사원, 전화 상담원, 택배 사원 등

디지털 시대에 고객 경험을 중시하는 이유는 그동안 기업은 고객 중심이 아닌 공급자 중심의 마케팅을 수행하였기 때문이다. 고객 경험을 실무에서 적용하기 위해서는 '고객여정맵Customer Journey Map'을 주로 활용한다. 이는 기업이 고객 입장이 되어 고객 경험을 디자인하고 그려보는 기법으로, 고객이 제품이나 서비스를 이용할 때 경험하게 되는 요소들을 고객 경험에 따라 순차적으로 나열하여 작성한다. 고객여정맵 작성을 위해서는 타깃 고객을 명확하게 설정해야 한다. 고객의 나이, 성별, 지역, 취향 등을 구체적으로 설정하고 고객여정맵을 그린다. 고객여정맵을 활용하면 고객의 경험을 미리 예측할 수 있기 때문에 맞춤형 서비스를 제공할 수 있고, 예견되는 문제점을 파악하고 미리 대처할 수 있다.

고객여정맵은 '참여engagement → 구매buy → 사용use → 공유share → 완료complete'의 5단계로 구분한다. '참여'는 잠재 고객이 매체를 통해 접촉하는 단계이며, '구매'는 해당 제품 및 서비스에 대가를 지불하고 수용을 하는 것이다. '사용'은 제품 및 서비스를 경험하는 단계이고, '공유'는 고객이 자신의 사용 경험을 타인에게 전하거나, 웹사이트에 후기를 남기는 단

고객여정맵(귀농귀촌 사례)

단계	귀농귀촌 탐색	귀농귀촌 준비	귀농귀촌 실행	귀농귀촌 정착
고객 의견	A-1. 내가 귀농귀촌을 할 수 있을까? A-2. 언제, 어디에 정착 할 것인가? A-3. 어떤 작물을 선택 할까?	B-1. 전문 농업 역량을 어떻게 확보할까? B-2. 귀농귀촌의 절차 는 무엇인가? B-3. 안정적인 수입 확 보가 가능할까?	C-1. 정부 지원 제도는 무엇인가? C-2. 농업 시설을 위한 자금 지원은 무엇 인가? C-3. 농산물 가공 및 인 터넷 판매 방법은?	D-1. 어떻게 역량 강화 를 통해 수입을 늘 릴까? D-2. 교육, 의료, 문화생 활을 어떻게 할까? D-3 주위 사람의 귀농귀 촌 상담을 어떻게 해줄까?
해결책/ 서비스	A-1. 귀농귀촌 역량평가 서비스 A-2. 귀농귀촌 정착지 추 천 시스템 A-3. 작물 추천 시스템	B-1. 작물별 전문 교육, 작물별 현장 실습, (인턴)기회 제공, 작 물별 '귀농닥터' 매칭 (멘토-멘티) B-2. 귀농귀촌 절차 개발, 귀농귀촌 마이포털 제공, 매뉴얼 제공 B-3. 작물, 지역, 토지, 규 모, 영농 기술 등을 고려한 가능 소득 시 뮬레이션 시스템	C-1. 마이포털을 통한 정 부 지원 제도 안내 시스템 제공 및 교육 C-2. 마이포털을 통한 자 금 지원 기능 제공 C-3. 농산물 가공 이러 닝/실습 교육, 농산 물 판매 쇼핑몰 제공 (라이브 커머스 포 함)	D-1. 농업 역량 vs 농업 수입 평가 및 코칭 시스템(빅데이터와 AI 기반) D-2. 비대면 교육, 원격 의료, 온라인 문화체 험 시스템 제공 D-3. 귀농귀촌 정착 성공 자에게 멘토 자격 부여

계이다. 마지막으로 '완료'는 제품 및 서비스 사용 후 폐기, 변경, 업그레이 드, 재구매를 하는 단계이다.

가상으로 귀농귀촌을 하고자 하는 사람들에게 고객여정맵을 적용해보자. 아마 우리나라 국민 중 절반은 귀농귀촌을 한 번쯤 생각해보았을 것이다. 만약 당신이 귀농귀촌을 준비한다면 가장 먼저 무엇을 떠올릴까? 생각을 해보자면, '시골로 가서 먹고 살 수는 있을까?' '어떤 작물을 농사지어야 하나?' '어느 지역에 정착해야 할까?' '영농 기술은 어떻게 확보를 할까?' '투자비는 어떻게 조달을 할까?' 등과 같은 핵심 질문이 생긴다. 정부 산하의 귀농귀촌을 담당하는 기관은 이러한 질문에 대한 해결책을 마련하고 서비스를 제공해야 한다. 고객여정맵 작성이 완료되면 이를 비즈니스 모델로 전환하고, 세부적인 운영 모델을 마련한 이후에 플랫폼을 구축하게 된다.

디지털 마케팅, 우리나라의 위치는 어디일까

우리는 디지털 트렌드를 논하면서 디지털 시대의 일자리, 비즈니스 모델, 디지털 거버넌스, 디지털 트랜스포메이션, 디지털 기술, 디지털 마케팅, 콘텐츠 유통, 디지털 트윈 등 다양한 주제에 관심을 두며 탐구를 한다. 그런데 어떤 주제가 가장 접근하기 쉬우며 조기에 성과를 거둘 수 있는지 궁금할 것이다. 여기에 대한 답은 간단하다. 답은 바로 디지털 마케팅이다. 조직의 디지털화 추진은 단기간에 가시적 성과를 보여주기에 가장 바람직하기 때문이다. 국내에서는 이제 디지털 마케팅의 바람이 불기 시작했지만, 미국 등에서는 7~8년 전부터 구글 도구를 활용한 디지털 마케팅에 대한 집중적 투자가 일었다. 리서치 기관인 가트너^{Gartner} 그룹은 '디지털 마케팅 하이프 사이클^{Hype Cycle for Digital Marketing}' 2022년 판을 발표했다. 이 보고서는 많은 주제의 추세를 다루고 있지만, 특히 가트너가 관심을 가진 분야는 고객 데이터 윤리, 실시간 마케팅, 마케팅용 AI, 개인화 엔진, 로케이션 인텔리전스^{location intelligence} 등이다.

고객 데이터 윤리의 필요성은 다음 두 가지 요인에서 비롯된다. 방대한 양의 고객 데이터를 제어하는 소수의 디지털 기술 대기업에 집중된 시장 지배력, 그리고 데이터를 수집하고 사용하는 방법에 대한 소비자의 깊은 우려이다. 따라서, 마케터들이 고객 데이터 윤리에 대해 깊게 이야기하고 법규 준수 이상의 의지를 투명하게 입증한다면 고객의 신뢰는 더욱 커질 것이다.

실시간 마케팅은 정보를 실시간으로 캡처, 모니터링, 분석 및 처리하는 도구, 기술 및 프로세스를 사용하여 비즈니스 이점 및 기회를 해석하고 이에 신속히 대응하는 조직의 능력이다. 가치사슬 전반에 걸쳐 실시간 마케팅 기술을 채택하는 기업은 효율적으로 운영을 할 수 있을 뿐만 아니라 고객에게 더욱 신속하고 적절한 가치를 제공할 수 있다. 실시간 마케팅을 활용하는 조직은 이미 주요 경쟁업체로부터 점유율을 확보하기 위해 신속한

디지털 마케팅 하이프 사이클 도표

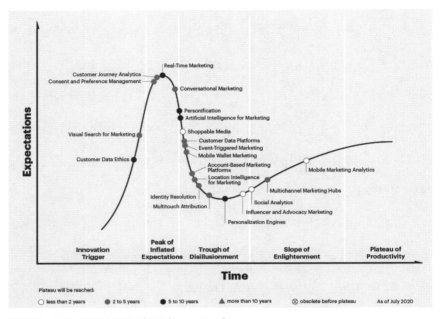

자료: Affde, 〈디지털 마케팅 및 광고를 위한 최신 'Gartner Group'〉

대응을 하고 있다.

개인화 엔진은 마케팅, 디지털 커머스, 머천다이징merchandising 및 고객 경험 팀이 콘텐츠와 캠페인, 추천 시스템을 최적화하기 위해 사용한다. 또한 개인화 엔진은 콜센터, 채팅 및 디지털 키오스크와 같은 고객과의 상호 작용하는 시스템에도 사용할 수 있다. 개인화에 도전하는 기업은 결과를 입증하고 예산을 정당화하기 위해 기존 자원데이터, 인재, 기술, 콘텐츠 등을 사용하여 개인화 엔진을 시범적으로 실시해야 한다.

마케팅을 위한 로케이션 인텔리전스를 통해 마케터는 검색엔진, 앱 퍼블리셔, 리뷰 사이트 및 기타 소셜 미디어 속 물리적 위치에 관한 올바른 정보를 관리하고 이용할 수 있다. 또한 로케이션 인텔리전스에는 마케팅 담당자가 소비자의 위치 기록^{일반적으로 모바일 앱을 통합}을 조합하여 고객의 프로필을 세분화함으로써 보다 관련성이 높은 계약이나 제안을 제공할 수 있는 기술이 포함되어 있다.

세계3대 투자자
짐 로저스가 추천하는 미래산업

#1 "여기 모인 학생 중에 경운기를 몰 줄 아는 사람이 정말 단 한 명도 없나요? 서울대 학생들은 똑똑하다고 들었는데 실망입니다. 미래 최고 유망 업종인 농업에 대해 아무것도 모르고 있군요." 세계적인 투자가 짐 로저스Jim Rogers 회장의 탄식에 강당이 술렁였다. 2015년 짐 로저스 회장이 서울대 MBA 과정 학생들에게 '세계 경제 전망' 특강을 하는 자리였다. 그는 이 자리에서 "MBA가 무슨 필요 있나. 당장 농대로 가라." "모든 사람이 농업을 등한시하고 도시로 몰려나올 때 역으로 농부가 되는 발상의 전환이 필요하다." "다음 생에는 미국 금융인보다 중국 농부의 삶을 살고 싶다." "교실을 나가 드넓은 농장으로 가라."라며 "여러분이 은퇴할 때쯤 농업은 가장 유망

한 사업이 될 것"이라고 말했다. 그는 식량과 농경지 부족이 심해져 농업이 수익을 가장 많이 낼 수 있는 산업이 될 것이라고 전망한 것이다.

#2 2000년대 초반, 가격 할인과 편리한 쇼핑 공간을 앞세워 빠르게 성장했던 대형마트 사업이 사양길에 접어들었다는 평가가 나온다. 그동안 대형마트들은 경쟁하듯 무리하게 매장을 확장했다. 국내 대형마트인 이마트, 홈플러스, 롯데마트 3사의 매장은 2017년에 409개, 2019년에 405개, 2021년 12월에 386개예상로 감소하고 있다. 이러한 현상은 코로나19 예방 차원에서 대형마트 대신 온라인 쇼핑을 이용하는 소비자들이 급증했기 때문이다. 특히 '로켓배송'과 편리한 주문을 무기로 한 쿠팡의 약진이 주목할 만하다. 소비자들이 빠르고 저렴한 온라인 주문과 배송에 익숙해지면서 유통업계의 라스트마일last mile, 소비자에게 상품을 배송하는 마지막 단계 경쟁이 치열해지고 있다.

#3 김영사는 국내를 대표하는 출판사 중 하나다. 스티븐 코비의《성공하는 사람들의 7가지 습관》, 이원복의《새 먼 나라 이웃나라》시리즈, 마이클 샌델의《정의란 무엇인가》등 수많은 베스트셀러를 발행했다. 그러나 요즘은 대형 출판사조차 발행부수 수만 권을 상회하는 도서를 출판하는 것이 쉽지 않은 현실이다. 세상이 변했다는 것

이제 디지털 기술은 농업, 의료, 유통, 제조, 교육, 출판, 에너지, 물류, 공공 등 모든 분야에서 기업의 디지털화 수준을 넘어서 산업의 디지털 트랜스포메이션을 이끌고 있다. 10년 후의 세상은 우리가 상상하지 못했던 모습으로 바뀔 전망이다.

매출이 91% 성장한 온라인 쇼핑의 선두 주자 쿠팡

그동안 유통의 꽃이었던 백화점과 대형마트가 코로나19 사태로 직격탄을 맞았다. 비대면 환경이 강조됨에 따라 온라인 쇼핑으로 거래의 중심이 옮겨졌기 때문이다. 이뿐만 아니다. 대형마트의 상품 가격이 지나치게 비싼 것에 비해, 온라인 쇼핑에서는 매우 저렴한 가격으로 상품을 구매할 수 있다. 가정에서 쓰는 두루마리 화장지는 온라인 쇼핑에서 구매 시 대형마트의 3분의 1 가격에 불과하다. 이처럼 가성비를 중시하는 분위기 속에서 대형마트의 경쟁력은 점차 감소하고 있다. 대형마트의 경우 토지, 건축비, 재고 관리 비용, 인건비 등이 모두 매출에 부담되지만, 온라인 쇼핑은 상품 구입비와 최소의 관리비로 가격 경쟁력을 확보하고 있다. 따라서 아날로그 방식의 유통 산업이 다시 살아나려면 디지털 전환이 핵심이다.

온라인 쇼핑은 1세대에 서적, 공연 티켓이 주로 팔렸고, 2세대에는 가전제품과 일반 생필품이 주도했다면, 3세대는 신선식품, 패션, 화장품으로 확대되고 있다. 과거에는 20~30대 연령층이 온라인 쇼핑을 주도했다면, 최근에는 40~50대 연령층까지 가세했다. 쿠팡의 등장으로 온라인 거래도 스마트폰으로 쉽게 할 수 있게 되었다. 쿠팡은 2020년 14조억 원의 매출을 달성하는 기염을 토했다. 이는 2019년 매출에 비해 91%나 성장한 것이다.

국내 오프라인 유통점은 아마존고Amazon Go의 영향으로 무인 점포를 시험적으로 운영하고 있다. 그러나 2016년 문을 연 아마존고가 아직까지 시험 운영 중인 것을 보면 이 역시 녹록하지 않아 보인다. 국내의 무인 점포 역시 '무인 아이스크림 점포'를 제외하면 확산할 기미가 보이지 않는다.

미국은 아마존, 일본은 라쿠텐이 온라인 쇼핑을 주도하고, 국내는 쿠팡과 네이버가 선도적 역할을 하고 있다. 이러한 온라인 쇼핑이 전통적인 대형마트와 경쟁하는 기술적인 역량은 무엇일까?

쿠팡의 경우 물류센터와 공급망 관리SCM, supply chain management에 집중적인 투자를 하고 있다. 이는 아마존이 집중적으로 투자하는 영역과 맥을 같이하고 있다. 유통업체 물류센터의 혁신은 인공지능에 전적으로 의존한다. 쿠팡의 경우 하루에 200만 개의 상품을 '로켓배송'한다. 그런데 3만 평 규모의 물류센터에는 '실내화 코너'가 없다. 똑같은 220mm 사이즈 실내화라도 '디즈니 실내화'가 동쪽 끝에 있다면, '헬로키티 실내화'는 서쪽 끝에 있을 수 있다. 위치를 정확히 아는 건 오직 AI뿐이다. 작업자가 실내화를 집어오는 동안 AI는 상품 배송 경로를 계산한다. AI는 서로 다른 판매자의 상이한 제품을 한 박스에 포장하는 최적의 동선을 제시한다. 이처럼 AI는 물류 출고, 배송 경로 계산, 물류 적재 방식 결정 등을 수행한다.

AI는 고객 분석에도 적용된다. 신세계백화점 AI 고객 분석 시스템 S마인드는 소비자 구매 이력과 구매 빈도, 구매 주기, 구매 요일, 주 거래점 등 100여 개의 변수를 사용해 매일 빅데이터를 생성하며, 이를 바탕으로 소비자가 선호하는 제품을 1인당 100개씩 추려낸다.

2021년 3월 정부는 '디지털 유통 경쟁력 강화 방안'을 마련했다. 주요 내용은 유통 데이터 댐 구축, 배송 물류 혁신 기반 확충, 인재 양성·창업 등 지원, 지속 가능 성장을 위한 유통 환경 조성, e-커머스 글로벌화 촉진 등이다.

로봇이 배달하는 시대

코로나19 팬데믹은 언택트 시대를 열었고, 이에 영향을 받은 대표 산업이 물류다. 비대면 환경에서는 온라인 쇼핑이 증가함에 따라 택배 등의 물동량이 대량으로 증가하기 때문이다. 요즘 우스갯소리로 일명 '3D 직업' 중 하나인 오토바이 배달원의 월수입이 500만 원에 달하는 전문직으로 등극했다는 이야기를 한다.

2000년대 초반 물류 산업의 과제는 제3자물류3PL · 제4자물류4PL, 트럭 적재 알고리즘, 창고관리시스템WMS, 공차 활용 방안, 물류 통관 서류 관리, 컨테이너 추적, 물류 원가 관리 등이었다. 그러나 20년이 지난 현재에는 물류 로봇, 증강현실 활용, 5G 이동통신, 디지털 통관, 공차 플랫폼, 물류 플랫폼, 블록체인, 물류업체 스타트업 등으로 발전했다.

물류란 물건을 이동시키는 것이기 때문에 로봇의 활용이 바람직한 분야다. 우리는 아마존 물류 창고에서 로봇이 상품을 옮기는 것을 익히 보았다. 그러나 요즘은 로봇의 활용 범위가 더욱 넓어졌다. 아마존 프라임의 배송용 인공지능 로봇 '아마존 스카우트Amazon Scout'는 바퀴가 6개인 소형 자율주행 로봇으로, 횡단보도를 건너고 보행자나 반려동물을 피해 가정에 상품을 배송한다. 페덱스FedEx는 소매업체를 도우려는 목적으로 개발된 자율주행 배달 로봇 페덱스 세임데이 봇FedEx SameDay Bot을 발표했다. 소매

아마존 스카우트와 페덱스 세임데이 봇

자료: 아마존(좌), 페덱스(우)

업체들은 이 로봇을 이용해 주변에 거주하는 고객들의 주문을 받아서 고객들이 원하는 곳으로 당일 배달할 수 있게 되었다.

물류 · 유통 분야에서도 데이터의 수집 · 분석 · 활용 능력이 사업의 핵심이다. 이를 위해 지능화된 물류 시스템을 구축해야 한다. 상품이 생산되고 배송되는 전 과정을 개별적으로 추적하는 일이 5G에서는 가능하기 때문이다. KT경제경영연구소가 제시한 5G를 통한 운송 산업의 전략적 편익을 살펴보면, 운송 산업에서 5G를 도입할 경우 내장형 연결 장치embedded connectivity를 통해 기대할 수 있는 효과는 다음과 같다.

- 운송 차량 운행 이력 및 운전자 습관 데이터의 빠른 공유
- 화물 운송 산업 내 계절적 영향 및 트렌드 파악

- 변화하는 수요에 시의적절하게 반응 가능
- 화물 운송 루트의 효율적 배분
- 물류 비용 감소

증강현실은 물류 작업의 효율화를 위해 활용된다. 물류 창고의 작업자들은 증강현실 단말을 착용하고 처리하는 상품에 대한 정보를 실시간으로 얻을 수 있다. DHL은 창고 물류 작업에 증강현실 기기 '글라스Glass'를 활용한다. 이는 물류센터에서 수하물 선별 작업에 쓰이는데, 작업자가 선별된 수하물의 보관 위치를 찾고, 해당 수하물의 바코드를 스캐닝하여 지정된 카트로 옮기는 과정에서 활용된다. 작업자는 '글라스'를 통해 실시간으로 연결된 수하물 관리 시스템으로부터 수하물의 위치를 파악하고, 어떤 카트로 옮겨야 하는지 지시받는다. 이런 과정은 '글라스' 디스플레이에 나타난 이미지와 텍스트 지시만으로 가능하다. DHL은 글라스 도입으로 물류 효율성이 약 15% 정도 개선됐다고 한다.

최근 물류 업계의 스타트업이 중점을 두는 분야는 오프라인 중심의 기존 물류를 온라인 거래와 결합된 디지털 물류 비즈니스로 전환하는 플랫폼이다. 이는 중소업체가 경쟁하는 트럭 운송, 물류 창고, 포워딩 분야에서 화주와 물류 기업을 연결하는 디지털 물류 플랫폼 분야이다.

스위스계 글로벌 운송 기업 퀴네나겔Kuehne+Nagel은 해상 화물 운송 서비스 네트워크인 디지털 플랫폼 '시 익스플로러^{Sea Explorer}'를 선보였다. 이는 신뢰성, 지속 가능성 등의 가치를 바탕으로 운송 시간을 기준으로 한 디지털 방식의 서비스이다. 또한 고객들은 '블루 앵커 네트워크^{Blue Anchor Network}'를 통해 글로벌 해상 운송 서비스에 편리하게 접할 수 있다. 고객은 블루 앵커 네트워크에서 제공하는 3,000여 척 이상의 선박과 750개 이상의 주간 서비스에 접근해 전 세계 컨테이너 운송에 대한 모든 거래 정보를 얻는다. 현재 전체 선박의 75% 정도만 제시간에 도착하며, 이러한 불안정성은 고객이 재고 수준을 적절히 관리할 수 없게 만드는 문제를 발생시킨다.

프랑스의 비영리 단체인 BIC^{Bureau International des Containers}가 출시한 '박스테크^{BoxTech}'는 무료 컨테이너 데이터베이스 플랫폼이다. 박스테크는 컨테이너의 중량, 최대 적재량 및 전 세계 다양한 종류의 컨테이너 관련 데이터 정보를 보유하고 있다. 이는 글로벌 선단의 20%에 달하는 약 3,000만 개의 컨테이너 디지털 기록이다. 이용자는 800개 화주, 포워더 및 선사들을 포함해 총 1,000여 곳이 넘는다. 고객은 박스테크를 통해 컨테이너 관련 정보를 업데이트하고, 앱으로 편리하게 정보를 얻는다.

공유경제의 대표적인 기업인 우버^{Uber}는 디지털 물류 분야에도 적극적이다. 온디맨드 화물 운송 중개 사업자인 'UF^{Uber Freight}'는 운전자 중심의 화물 운송 중개 플랫폼을 소개했다. UF 플랫폼은 계획, 배치, 예약, 브로커링 등의 트럭 운송 절차를 UF 앱으로 디지털화해서 5분 이내에 트럭을 화주에게 연결해 준다. UF는 기존 운영 방식 및 관계를 방해하지 않으면서, 프로세스 효율화를 통해 고객과 운전자에게 많은 수익 창출의 기회를 제공한다. UF는 운송 완료 후 한 달 이상 걸렸던 운송료 지급을 일주일 내로 지급되도록 했다. 그리고 UF는 무게 오류, 시간 미준수, 운송료 미지급 등 문제를 일으켰던 화주들의 정보를 분석하여 운전자들에게 제공한다. UF는 "기존에 없던 것을 만들어 시장의 흐름을 바꾼 경험이 있는 우버가 이제 '화물'이라는 틈새시장에 플랫폼 사업을 시작한다. 또 다른 변화를 만들 준비를 마쳤다."라는 비장한 각오를 전했다.

머스크Maersk는 독일, 프랑스, 덴마크, 네덜란드, 폴란드, 영국, 스페인 등 7개국에서 디지털 통관 관리 플랫폼 서비스를 제공한다. 이 플랫폼 전략은 수출입 통관 비용에 대한 견적을 온라인 플랫폼으로 제공해서 시간을 단축하는 것이다. 이는 수출입 신고를 짧은 시간에 처리해 통관 절차 지연으로 인한 추가 비용을 줄여준다. 디지털 통관 관리 플랫폼을 이용하면 통관을 위한 중개 업체 수를 종전 3~4곳에서 1곳으로 줄일 수 있으며, 고객사는 통관 절차를 위한 서류 작업 시간을 단축해 핵심 비즈니스에 더욱 집중할 수 있다.

하파크로이드Hapag-Lloyd, 오션 네트워크 익스프레스ONE, Ocean Network Express, MSC, CMA CGM 등 글로벌 선사는 머스크와 IBM이 공동 개발한 블록체인 플랫폼 트레이드렌즈TradeLens에 참여하기로 했다. 트레이드렌즈는 수작업, 즉 페이퍼 기반 시스템paper-based system을 디지털화하여 공급 사슬의 모든 이해관계자가 정보를 공유하고 협력하는 체계를 구축한 중립적인 플랫폼이다. 즉, 플랫폼 이용 주체의 어떠한 데이터도 머스크나 IBM이 접근하거나 관리할 수 없으며, 경쟁 선사의 정보가 공유되지 않는다. 블록체인의 물류 분야 적용에 따른 긍정적인 효과는 다음과 같다.

● 가격 하락과 속도 개선
● 물류 관리의 효율성과 연속성 제고
● 배송업체 간 네트워크 불일치 해결
● 글로벌 공급 사슬에 편리성 제공

블록체인을 이용해 제품을 추적하면, 서비스 가격이 안정화되고 속도 개선이 가능할 것이다. 또한 고객은 제품 추적이 가능해 배송 과정이 투명해질 것이다. 운송 과정에서 특정 사건이 언제 일어났는지 기록할 수도 있고, 예상치 못한 관세가 발생했을 때 이를 공지하는 것도 편리해진다. 이렇듯 블록체인을 적용하면 분산적, 공개적, 효율적이라는 특징과 함께 비용 절감과 안정성을 가져오는 효과를 볼 수 있다. 이는 현재 물류 업체가 겪는 신원 확인과 제품 추적의 어려움 등의 문제를 해결하는 결과를 기대할 수 있다.

분산된 에너지를 하나로 관리하는 가상발전소의 등장

최근 몇 년간 국내에서는 전력 산업과 관련된 몇 가지 이슈가 있었다. 탈원전 정책, 태양광·풍력 등 재생에너지, 연료전지·수소에너지 등의 신에너지, 전기자동차, 에너지 저장 시스템ESS, energy storage system, 에너지관리시스템EMS, energy management System, 스마트 그리드smart grid, 화력발전소 디지털 트윈, 초고압 직류 송전 시스템HVDC, high-voltage direct current, 무선 전력 전송, 소형 원자로 등이다. 하지만 너무 많은 개념이 혼재되어 있어, 이를 보는 사람들은 그저 혼란스러울 뿐이다. 이 모든 퍼즐 조각을 맞추면 바로 가상발전소VPP, virtual power plant라는 개념이 보인다. VPP는 전력 산업의 디지털 트랜스포메이션을 의미하며, 전력 공급자와 수요자를 연결하는 '소규모 전력 중개 사업'이라고 생각하면 된다.

글로벌 석유 기업 로얄더치셸Royal Dutch-Shell은 지난 2월 유럽 VPP 운영사 넥스트크라프트베르케Next Kraftwerke를 인수한다고 발표했다. 이 회사는 유럽 8개국에 분산된 1만여 개의 태양광, 수력, 바이오 에너지 발전 설비에서 발생하는 전력 수요를 통합·관리하는 기술을 보유한 기업이다. 로얄더치셸은 "이번 인수로 자사의 재생에너지 확대 전략에 속도가 붙을 전망"이라며 "이를 통해 2030년에는 지금의 2배 규모인 560TWh의 전력을 판매할 것"이라고 밝혔다. 태양광·풍력 등 재생에너지 비중을 확대하면서, 기존 '중앙

집중형' 전력망에서 '분산형'으로 바뀔 것이라는 전망이 나오고 있다. 기존에는 석탄 화력 발전소나 원자력 발전소에서 대량으로 생산하는 전력을 중앙에서 공급하는 방식이었다면, 앞으로는 각 지역에서 소규모로 생산되는 재생에너지가 다양한 방식으로 유통될 것으로 전문가들은 예상한다.

일명 '스마트 그리드'라고 불리는 차세대 전력망은 태양광·풍력 등 재생에너지와 에너지 저장 장치ESS가 융합된 형태다. 태양광의 경우 개인이나 기업이 소규모 설비를 설치해 전력을 생산한 뒤 남은 전력을 ESS에 저장했다가 시장에 사고팔 수 있다. 다만 전력망이 개인과 지역 중심으로 분산되면 이전처럼 한눈에 전체 전력 수요를 파악하기 어려워진다는 문제가 발생한다. 이에 앞으로 지역별로 흩어져 있는 재생에너지 발전 설비와 ESS를 클라우드 기반 소프트웨어로 통합한 뒤 하나의 발전소처럼 관리하는 가상발전소의 역할이 중요해질 전망이다.

카카오페이증권의 함형도 연구원은 "국가별 재생에너지 비중이 늘어난다는 것은 그만큼 전력망이 불안정해진다는 것이며, 이 문제를 해결하기 위해 VPP 도입이 확대될 것"이라고 말했다. 실제 미국과 유럽, 일본 등에서는 관련 수요가 늘어날 것으로 보고 VPP 관련법을 제정했다. VPP는 인공지능 기술 등을 활용해 분산된 전력 소비 정보를 수집하고 분석한 뒤 그때그때 필요한 전력만 생산하는 맞춤형 발전 사업이다. 특히 태양광·풍력 발전은 계절이나 날씨, 시간에 따라 발전량이 들쭉날쭉 간헐적이라는 특징이 있어 정교한 수급 예측이 필요하다.

전기차 회사 테슬라도 2022년까지 호주에 세계 최대 규모의 VPP를 구축한다는 계획을 세웠다. 테슬라는 남호주 5만여 개 주택에 250MW급 태양광 발전기를 설치하고, 전력 생산과 판매에 나선다는 방침이다. 해당 사업에는 총 8억 달러가 투입된다. 테슬라는 2021년 4월, 미국의 스웰에너지Swell Energy와 손잡고 뉴욕 퀸스 지역에서도 VPP 사업을 운영하기로 했다. 테슬라 측은 "VPP 사업을 통해 소비자는 전기 요금을 절감할 수 있고, 평소 남아도는 전력을 저장했다가 정전 등의 비상 상황에 쓸 수 있어 전력망의 안정성을 높이는 데 기여한다."라고 설명했다.

가정에 보급한 '스마트 미터Smart Meter'도 전력의 수요와 공급을 관리하는 데 매우 중요할 역할을 한다. 스마트 미터의 보급으로 전력과 관련된 데이터를 정확하게 수집하는 것이 가능해지면서 전력 관리 방식의 디지털 전환이 빠르게 이루어지고 있다. 스마트 미터는 통신 기능을 탑재했기 때문에 통신회선을 사용해 IoT 기기들을 연결한다. 따라서 전기의 사용량을 실시간으로 체크할 수 있다. 이제는 전력 회사가 별도로 사용량을 확인할 필요가 없다. 사용자와 전력 회사는 간편하게 전력 사용에 대한 데이터를 수집할 수 있다. 또한, 스마트 미터를 통해 가구별 · 지역별 전력 소비 특성을 분석할 수 있고, 재난 · 재해 시 해당 데이터를 활용한 신속 대처가 가능해지는 등 효율적인 전력 운영 정책을 펼칠 수 있게 된다.

가상발전소 개념도

자료: 한국전기연구원

최근 국내에서는 전남 나주에 한전공대가 설립된다는 소식에 반대 의견이 드높다. 요즘은 지방대 신입생 충원이 어렵기 때문이다. 그러나 한전공대 설립을 반대하는 의견은 미래 전력 산업의 추세를 이해하지 못하는 사람들의 생각이다. 전 세계적으로 거론되는 미래의 문제는 환경보전, 식량, 팬데믹, 에너지 등과 관련돼 있다. 앞서 살펴본 바와 같이 전력 분야는 산업 자체가 '빅뱅' 개념처럼 한꺼번에 트랜스포메이션되고 있다. 따라서 이에 수반되는 디지털 기술 및 비즈니스 모델 역시 최고 수준의 역량이 요구된다. 현재 대학의 전기공학과 출신 학생들로는 차세대 전력 분야에서 요구하는 고급 인재를 확보하기 턱없이 부족하다. 10년 이내 하늘을 나는 드론에 필요한 무선 전력 전송 기술의 개발은 불가피하다. 이에 전기 분야를 '두꺼비집'이나 여닫는 수준으로 생각한다면 그야말로 오산인 것이다.

디지털 인재를 양성하기 위한 기술, 에듀테크

코로나19로 가장 큰 변화를 겪은 곳 중 하나는 학교다. 감염 위험 때문에 오프라인 수업이 제한되기 때문이다. 따라서 초·중·고등학교와 대학교는 물론, 직업교육과 평생교육을 하는 기관 등에서는 이미 비대면 교육이 활성되었다. 비대면 교육은 원격 동영상 교육뿐만 아니라 ZOOM을 통한 화상 교육도 함께 진행된다.

교육 분야에서 바라보는 디지털은 두 가지 관점이다. 첫 번째는 디지털을 활용한 학습 성과의 증대이고 두 번째는 디지털 시대의 인재를 육성하기 위해 디지털 관련 교육을 하는 것이다. 여기서 디지털을 활용한 학습 성과 향상을 위해 적용되는 기술을 에듀테크EduTech라고 한다. 과거에는 원격교육을 이러닝e-learning이라고 했지만 이제는 에듀테크라는 용어를 널리 사용한다. 에듀테크는 공개 온라인 강좌MOOC, 학습자 서비스, 교수 학습 모델, 교육 플랫폼, 교

에듀테크 플랫폼 구성도

육 콘텐츠 관리, 생애 주기 학습경험 관리 등의 개념을 포함한다.

　MOOC는 2012년부터 미국을 중심으로 한 정보 기술과 대학 강의 콘텐츠를 융합한 대규모 공개 온라인 강좌massive open online course이다. 인터넷을 통해서 하버드, MIT 등의 유명한 교수들의 강의를 무료로 들을 수 있다는 장점이 있다. MOOC의 대표적인 기관은 스탠퍼드의 코세라Coursera, 하버드와 MIT의 에덱스edX, 스탠퍼드 출신 교수가 만든 유다시티Udacity, 초·중·고 대상의 칸아카데미Khan Academy, 영국 오픈 유니버시티인 퓨처런Future Learn 등이다. MOOC는 기본적으로 무료이지만 수료증이 필요한 강의는 유료 수강을 해야 된다. 국내에서도 K-MOOC를 운영하고 있지만,

강의 콘텐츠의 수준이 해외의 MOOC와는 격차가 있다. 앞으로 유명 강사의 강의를 제작해 콘텐츠 수준을 높여야 한다.

학습자 서비스는 디바이스와 시간에 제약이 없는 상시 학습, 학습자 개인별 맞춤 학습, 자기 주도 학습, 다양한 학습 참여SNS를 통한 질문 및 토론 등, 학습 분석 등으로 학습자 맞춤형 학습 환경이 강조된다. 교수 학습 모델은 플립러닝flipped learning, 블렌디드러닝blended learning, PBLproject based learning, 액션러닝action learning, 소셜러닝social learning, 디자인싱킹design thinking, 마이크로러닝micro learning, 가상훈련, 에콜42ecole42 등을 통해 학습자의 역량 강화에 중점을 둔다. 콘텐츠 유통 체계는 통합 콘텐츠 관리, 마이크로러닝 콘텐츠, 크라우드 콘텐츠 소싱, 지식 라이브러리, 콘텐츠 품질 관리가 있다. 생애 주기 학습경험 관리는 학습경험 플랫폼LxP, learning experience platform, 학습기록관리LRS, learning record store를 지원한다. 최근에는 이러한 다양한 에듀테크 기능을 조합하여 교육 플랫폼을 구축하는 것이 원격교육 제공 기관의 추세이다.

가장 아날로그적인 농장의 디지털 변신

인구 증가에 따른 식량 수요 증가, 농업 인구 감소 및 고령화로 인한 노동력 부족, 첨단 농업기술 보급 확대 등으로 스마트 팜smart farm이 미래

첨단산업으로 세계적인 주목을 받고 있다. 스마트 팜이란 IoT, 나노기술nanotechnology, 빅데이터, 클라우드, 로봇 등의 디지털 기술을 농업에 접목한 것이다. 스마트 팜은 ICT를 온실, 축사, 과수원 등에 접목해 원격 및 자동으로 작물과 가축의 생육 환경을 적절히 제어하는 농장이다. IoT 등의 기술로 농작물 시설의 온도와 습도, 일조량 등을 측정 분석하고, 모바일 기기를 통해 원격 제어를 하고 있다.

스마트 팜의 기술은 크게 정밀농업 분야, ICT 융복합 분야, 자동화 분야 등으로 나뉜다. 정밀농업은 의사결정지원 기술decision support technology과 작물·토양 관련 기술crop & soil technology이 포함된다. ICT 융복합 분야는 스마트 장비smart equipment, 센서 기술sensor technology, IoT 및 농장 관리farm management 등이 있다. 자동화 분야는 드론, 로보틱스robotics, 스마트 스프레이 시스템 등으로 구성된다.

1990년대 농업은 농산물 시장 개방에 맞서서 농업 품질 개선 및 다양화, 농업의 자동화, 정밀농업 발전 등이 큰 방향이었다. 특징은 다품종 소량 생산이었다. 기술 측면에서는 신기술의 보급, 컴퓨터·인터넷·GPS 활용 등이 주안점이었다. 그러나 최근에는 농업이 세계적 경쟁력 강화 및 데이터에 기반한 농업으로 전환되고 있다. 그에 따른 발전 방향으로는 농업의 지능화·무인화, 정밀농업의 고도화, 스마트 농업으로의 진전 등이 꼽힌다. 특징으로는 맞춤형 대량생산, 최적의 의사결정, 데이터 기반의 예측 농업이 있다. 기술로는 IoT, 클라우드, 빅데이터, 인공지능, 블록체인 등을 들 수 있다. 이를 통해 데이터가 노동 · 지식 · 경험 등을 대신하는 새로운 시대로 진입하고 있다.

덴마크의 크리스텐센Christensen 농장은 스마트 팜의 대표적 사례다. 여기서는 빌딩 형태의 입체적 자동 식물공장과 태양광, 그리고 고압나트륨램프를 도입했다. 이 시스템을 통해 통제된 시설 안에서 빛과 공기, 열 등 생물이 자랄 수 있는 환경을 인공적으로 조절하여 공산품처럼 농산물을 계획 생산 중이다. 국내에서는 SKT가 세종시에 '지능형 비닐하우스 관리 시스템'을 구축하여 스마트폰을 통해 원격으로 식물 재배를 하고 있다. 이 시스템은 재배 시설의 개폐 및 제어, CCTV 카메라 모니터링, 온 · 습도 감지, 정보 모니터링이 가능한 서비스를 제공한다. 정책연구관리시스템prism.go.kr 에는 스마트 팜 관련 보고서가 90여 건 올라와 있는데, 주로 스마트 팜 기자재 산업 육성 방안과 스마트 팜 해외 진출 방안에 대한 것이다.

최근 식품 분야의 이슈는 신선식품이다. 이는 유기농 농산물과 맥을 같이한다. 먹거리의 안전성을 중시하는 미래 사회에서는 농산물과 가공식품의 안전성을 검증하기 위해 블록체인을 적용한 식품 거래 비즈니스 모델이 필수적이다. 블록체인을 적용하기 위해서는 식물을 재배하기 위한 씨앗, 비료, 농약, 농자재 등의 거래 내용을 증빙해야 한다. 이를 위해서는 스마트 팜으로 전환이 필요하다. 노지 재배의 경우 이러한 거래 증빙을 원활하게 할 수 없기 때문이다.

스마트 팜·스마트 농업의 구조도(시설원예)

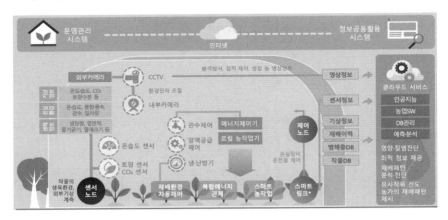

자료: 삼정KPMG 경제연구원 〈스마트 농업, 다시 그리는 농업의 가치사슬〉 2019년

"젊은이여 농대로 가라." 세계적인 투자가 짐 로저스가 몇 년 전 서울대에서 강연한 내용의 일부이다. 이는 농업이 미래의 먹거리 산업이고, 6차 산업으로 대두되는 것을 간접적으로 의미하는 것이다. 농림수산식품교육문화정보원은 스마트팜코리아smartfarmkorea.net라는 사이트를 운영하는데, 이곳에서 스마트 팜 교육과 지원 사업을 총괄하고 있다. 전북의 농식품인력개발원은 스마트 팜 청년 창업 교육을 하며, 스마트 팜에 취·창업할 수 있도록 돕는다. 스마트 팜 교육은 작물 재배 기술, 복합 환경 제어 운영, 병해충 관리, 온실 설비, 경영·마케팅 등의 이론 교육과정 2개월과 현장 실습 과정 6개월, 경영 실습 과정 1년으로 총 20개월간 진행된다. 이렇듯 긴 시간 동안 교육을 받아야 한다는 것은 스마트 팜이 전문성을 띤 분야라는 것

을 의미한다. 국립한국농수산대학은 작물, 원예, 축산 등의 전공 학생들에게 스마트 팜을 통한 영농 기법을 가르치고 있다. 향후 귀농귀촌을 생각하는 사람들은 필히 스마트 팜에 대한 교육을 선행해야 한다고 충고하고 싶다.

2012년에 팜한농은 경기도 화성시 화옹간척지에 15만㎡$^{약\ 4만\ 5,000평}$ 규모의 첨단유리온실 단지를 완공했다. 이는 단일 유리온실로 아시아 최대 규모이다. 팜한농은 이 유리온실에서 연간 100억 원 규모의 토마토를 재배, 생산해 일본으로 수출할 계획이라고 밝혔다. 그들은 이미 스마트 팜의 중요성을 인식한 것이다. 팜한농뿐만 아니라 국내 데이터 농업 스타트업인 그린랩스greenlabs는 세계적인 온실 사업 전문기업 네덜란드 봄그룹BOM Group과 협업하고 스마트 팜 시장이 성장하는 데 기여하고 있다. 가까운 미래에는 대부분의 농장이 스마트 팜으로 운영될지도 모른다.

미래에는 인공지능 작가의 시대가 올지도 모른다

책을 저술하는 것은 어려운 일이다. 그러나 출판을 하는 일은 더 어렵다. J.K. 롤링Joan K. Rowling의 《해리포터》는 출판사로부터 13번 거절당한 끝에 출판되었을 정도다. 인키트Inkitt는 2016년 독일에서 설립된 출판사이다. 설립 후 2년이 지난 2017년 한 해에만 46권의 베스트셀러를 출간했다. 인키트가 성공한 이유는 편집자를 없애고, 독자와 인공지능에게 편집자의 역할을 부여했기 때문이다. '인키트 오픈 커뮤니티 플랫폼'에는 누구나 글을 올릴 수 있다. 독자들은 업로드된 글을 읽고 평가한다. 인공지능은 독자들의 평가를 분석하고, 몇 분 동안 독자가 이 글에 머물렀는지, 쉬는 시간에 읽었는지 아니면 밤새도록 읽었는지 등 세세한 부분까지 분석해서 데이터로 저장한다. 데이터를 기반으로 출판할 책이 선택되면 작가에게 출판 제의를 하고, 독자의 요청을 기반으로 원고를 수정하며 출판한다. 인키트는 편집 권력을 없애고, 비즈니스 모델과 인공지능을 기반으로 편집의 민주화를 구축했다. 이와 달리 전통적인 출판사는 이미 성공한 작가의 도서 출판 비율이 95%에 달한다.

인키트는 독자들의 나이, 성별, 직업, 주소 등 기본적인 인구통계학적 데이터를 보유하고 있다. 이 데이터를 바탕으로 인키트의 알고리즘이 1,200가지의 세분화된 방법으로 회원들의 독서 속도, 선호 장르, 독서 장소, 독서 시간대 등 가능한 모든 데이터를 취합하고 분석한다. 인키트는 100만 명의 회원과 7만 5,000명의 저자를 갖고 있다. 그리고 누적된 스토리는 23만 6,000건에 달한다. 인키트가 저자에게 제공하는 인세는 51%이다. 일반적인 출판사의 인세 8~10%에 비하면 파격적인 수준이다. 인키트는 오디오북, 영화제작 판권, 오프라인 서점 설립 등 다양한 비즈니스 모델을 추진한다. 인키트는 "우리는 재능 있는 작가들에게 스포트라이트를 비추는 것에 열광한다. 그래서 우리는 작가들에게 그들의 책을 세상에 보여주고, 독자들의 피드백을 통해 출판될 수 있는 발판을 마련해 줌으로써 작가들을 발견하는 공정한 방법을 개발해왔다."라고 말한다.

인키트는 자매 앱인 갈라테아^{GALATEA}에 작품이 게시되도록 한 후 나중에 다른 형식$^{인쇄, 전자책 등}$으로 출판한다. 갈라테아는 독서 앱으로, 월 600만 회 이상의 에피소드를 소비하는 수십만 명의 활동적인 사용자가 있다. 갈라테아는 작가와 사운드 디자이너로 구성된 제작팀과 협력하여 인키트 원작 스토리를 몰입감 있는 작품으로 만들어낸다. 인키트의 한 작가는 "인키트는 작가들에게 큰 격려가 되고, 더 많은 청중에게 다가갈 기회를 주고, 작가들이 성장할 수 있도록 돕는 놀라운 지원 시스템을 제공한다."라고 말했다. 국내 출판계도 디지털 기술을 활용하여 불황을 극복하기를 기대한다.

IoT 기술로 맞춤형 보험을 개발한다

인슈어테크^{Insurtech}는 보험^{insurance}과 기술^{technology}의 합성어로 기술과 보험업의 융합을 의미한다. 보험 산업은 금융업 중 가장 보수적인 영역이다. 가격 결정과 상품 설계 과정에서의 불확정성이 높고, 보험 계약 체결의 많은 부분이 대면 거래로 이루어진다. 보험을 가입할 때는 직접 만나 서류 작업을 하는 것이 보통이다. 그런 가운데 최근, 보험업계도 많은 변화가 있었다. 인슈어테크는 보험 업무 가치사슬, 즉 상품을 개발하고, 계약을 체결하고, 고객을 관리하는 모든 과정에 핀테크를 적용하여 효율적이고 혁신적인 서비스를 제공하는 것이다.

새로운 보험 상품을 개발하기 위해 IoT를 활용한다. '건강증진형 보험'은 보험회사가 계약자의 건강 습관에 관한 정보^{운동, 식습관, 정기검진 등 예방적 의료 행위}를 웨어러블 디바이스 등에서 수집하여 인센티브^{보험료 할인, 캐쉬백 등}를 부여하는 보험이다. '운전 습관 연계 보험^{UBI, usage based insurance}'은 텔레매틱스^{telematics} 기술을 활용하여 통신사 내비게이션^{T맵 등} 또는 운행정보 기록장치^{ODB}에서 수집한 운전자의 운전 습관^{주행거리, 급가속, 급감속, 급출발 등}을 분석하여 보험료를 할인해주는 자동차 보험 상품이다.

보험회사는 영업 및 계약 활동을 위해 빅데이터를 활용한다. '보험사기 탐지'는 빅데이터 분석을 통해 보험사기 관련 고위험군을 자동 분류하여 심사한다. 이는 이상 징후를 보이는 개인^{사고·입원 건수 등}, 모집인^{본인·가족사고, 장해사고 건수 등}, 병원^{비급여 비율 등}, 정비업체^{견인·렌터카 이용 비율 등}의 정보를 추출하고 상호 연관성을 실시간으로 분석하여 보험사기 발생 가능성을 파악하는 것이다.

로봇을 활용한 고객 접점 강화 및 업무 자동화도 추진되고 있다. 지능

인슈어테크 적용 분야

자료: 금융감독원

화된 챗봇은 고객 상담 및 계약 관리 서비스를 제공한다. 챗봇은 고객 문의 사항의 문맥을 분석하여 일대일 채팅 방식으로 업무를 처리한다. 또한 RPA 는 이미지 및 문자OCR 인식, 컴퓨터 및 웹 화면 인식, 자연어 이해 기술 등 을 통해 직원의 업무자료 검색·조회, 입·출력를 수행한다.

최근 들어 보험회사는 블록체인을 활용한 본인 인증이나 보험 서류 검 증 업무를 하고 있다. 이는 보험금 청구 시 본인 인증을 할 때나 보험증권 위조 검증을 하는 등 일부 업무에 시범 적용되고 있는 것이다.

스타벅스가 글로벌 기업으로
도약하게 만든 '이것'

#1 최근 국내 금융권 신입사원 공채 시험에 출제된 문제다.

아래의 디지털 분야에서 본인이 자신 있는 순으로 1가지 이상
을 선택하고 해당 분야를 학습했거나 프로젝트를 진행했던 경
험을 구체적으로 서술하십시오.(1,500자)
ex) 디지털 트랜스포메이션, CLOUD, 디지털 마케팅, 오픈뱅킹,
P2P, 기타 디지털 분야

이제는 국내 금융기관도 디지털화 추진을 조직의 생존과 관련된 문
제로 인식하는 것이다.

#2 국내 대표적인 금융기관이 글로벌 IT 업체와 디지털 트랜스포메이션 프로젝트를 성공적으로 추진했다고 발표했다. 이 기관의 디지털화 추진 내용은 고객 대면 프로세스, UI 개선 등이다. 스페인 은행 BBVA의 디지털 추진 사례와 비교하면 현격한 차이가 난다. 디지털 트랜스포메이션은 비즈니스의 근간을 바꾸는 중량감이 있는 사업인데 단기간에 걸쳐서 비즈니스 외곽에 있는 기술적인 분야에 적용을 한 후에 프로젝트를 성공했다고 발표하니 우리나라는 아직 갈 길이 멀었다고 본다.

#3 한국금융연수원은 최근에 《디지털 금융의 이해와 활용》《디지털 금융, 트랜스포메이션^{DX} 프런티어》 등의 디지털에 관련된 주옥같은 8개의 서적을 출판했다. 시중에 출판된 디지털 관련 서적과 근본적으로 수준 차이가 난다. 특히 해외의 다양한 디지털화 사례를 꼼꼼히 기술한 것이 인상적이다. 필자도 관련 서적을 읽으며 감탄을 했다. 그동안 나름대로 디지털에 대해 알고 있다고 자부한 것이 부끄러울 정도였다.

마이크로소프트의 CEO 사티아 나델라$^{Satya\ Narayana\ Nadella}$는 "코로나19로 불과 2개월 만에 디지털 혁신의 2년 동안의 가치를 목격했다."라고 말했다. 국내에도 코로나19에 따른 영향으로 디지털화에 대한 광풍이 불고 있다. 이는 매우 바람직한 현상이다. 이러한 디지털화의 궁극적인 종착점은 역시 디지털 트랜스포메이션이라 할 수 있다.

포털사이트에 '디지털 트랜스포메이션'을 검색하면 국내 디지털화에 대한 기사가 우후죽순으로 쏟아져 나온다. 그러나 이를 기뻐할 수만 있는 상황은 아니다. 디지털 트랜스포메이션은 비즈니스의 개념을 바꾸고, 디지털 기술을 적용하여 구현하는 것이다. 그러나 기사에 나타난 디지털화 사례는 큰 고민 없이 예산만 투입하면 몇 달 만에 보여줄 수 있는 백화점 나열식의 과제가 대부분이다. 지금 이 시점에서 가장 문제가 되는 것은 디지털 트랜스포메이션에 대한 의미의 혼선이다.

디지털 트랜스포메이션은 기업과 조직이 통째로 바뀌는 것을 말한다. 무늬만 디지털화하는 것은 디지털을 통해 진정한 강대국으로 도약하고자 하는 대한민국의 걸림돌이 될 것이다.

2021 글로벌 100대 AI 기업에 선정된 뤼이드

국내외에서 디지털 트랜스포메이션의 성공 사례는 다양하다. 디지털 플라이휠Digital Flywheel과 사이렌 오더로 성공한 스타벅스, 스페인의 다국적 금융기관 BBVA, 크라우드 소싱을 통해 고객으로부터 제품 아이디어를

디지털 트랜스포메이션 포트폴리오

수집한 장난감 회사 레고, 온라인으로 드라마와 영화 콘텐츠를 제공하는 넷플릭스, 음식 배달 플랫폼인 배달의민족, 의류기업 ZARA, 그리고 카카오톡 등이 있다. 이러한 기업들은 고객 가치와 비즈니스 영향도 측면에서 고객 경험 혁신, 비즈니스 모델 재창조, 운영 프로세스의 혁신 등의 방법으로 디지털 트랜스포메이션을 선도하고 있다. 기업과 공공기관이 디지털 트랜스포메이션을 성공적으로 이끌기 위해서는 이러한 성공 사례를 조사하고, 디지털 혁신을 위해 자기 조직을 성찰하는 태도가 필요하다.

디지털 트랜스포메이션은 수년간의 집중적인 노력이 필요하다. 이를 통해서 아날로그 조직이 디지털 조직으로 새롭게 태어날 수 있다. 대부분의 성공적인 디지털 트랜스포메이션은 기업의 디지털 혁신을 넘어 종국적으로는 소속된 산업의 변화를 이끌어낸다. 결국 디지털 혁신에 뒤처진 조직은 사라지고 만다.

국내의 디지털 트랜스포메이션 성공 사례를 살펴보자. 요즘 대학생 및 취업 준비생에게 필수적으로 요구되는 것은 영어 시험 점수다. 이를 위해 학생들이 즐겨 찾는 교육 코스가 '산타토익'이다. 산타토익은 1억 건 이상의 토익 학습 데이터를 기반으로 개인별 맞춤형 콘텐츠를 제공한다. 특히 학습자가 취약한 부분을 파악하고 3만여 기출문제 중에서 AI 추천 알고리즘을 통해 학습자 맞춤형 콘텐츠를 제시해서 토익 점수를 상승하게 한다. 이는 256차원으로 학습 역량을 분석함으로써 20시간 학습 시 평균 상승 점수가 165점이라 한다.

산타토익은 250만 명의 학습자를 고객으로 확보하고 있다. 이렇게 디지털 트랜스포메이션 전환에 성공하는 일은 결코 간단하지 않다. 산타토익은 최초에 학습자가 풀어내는 10문제만으로도 예상 토익 점수를 계산해낸다. 처음 예상 점수는 오차 범위가 ±20점 정도다. 이후 더 많은 문제를 풀수록 예상 점수가 정확해진다. 산타토익은 딥러닝과 인공신경망 평가에 의한 최소화 모델로 학습자를 가장 빠르고 정확하게 파악한다. 그리고 반드시 틀릴 문제와 점수를 올려줄 문제를 제공하고, 학습자가 취약한 유형의 문제를 발견하면 점수를 올리는 데 꼭 필요한 강의만 골라서 제공한다. 이것이 바로 인공지능 교육 플랫폼이며, 인공지능 튜터링 시스템이다.

산타토익은 학습자의 문제 풀이 및 강의 시청 등 학습 데이터를 기반으로 학습자 간의 유사성을 측정한다. 산타토익은 스타트업인 뤼이드Riiid가 개발한 AI의 프로토타입prototype이다. 글로벌 IT 전문 매체 'CIO 어드바이저CIO Advisor'에서 아시아의 25대 인공지능 기업으로 뤼이드를 선정했다. 산타토익의 머신러닝 알고리즘은 버클리대UC Berkeley, 카이스트, 서울대 연구팀이 공동 연구하였으며, 산타토익에 탑재된 산타인사이드santAInside 모델은 인식 모델Cognitive Model, 학습자 모델Learner Model, 교수 모델Tutor Model 그리고 UI 모델UI Model로 이루어졌다. 또한 글로벌 시장조사기관 CB 인사이트CB Insights가 발표한 '2021 글로벌 100대 AI 기업'에 뤼이드가 포함되었다. 뤼이드는 설립 4년 만에 100대 AI 기업으로 선정된 유일한 한국 기업이 된 것이다. 이 회사는 앞으로 모든 교육 분야와 현장에서 쓰일 수 있는 AI를 만들겠다고 선언했으며, 전 세계 교육 현장의 데이터를 뤼이드로 모으는 것이 진짜 목표라고 한다.

이처럼 디지털 트랜스포메이션에 접근하는 것은 쉬운 일은 아니다. 모든 한국 젊은이의 숙원이라고 해도 과언이 아닐 토익 점수 향상을 위해서 인공지능을 활용해 집중적으로 문제를 제공한다. 이를 위해 수년간 최고의 전문가들이 알고리즘을 개발하고 수많은 학습 데이터를 수집하였다. 이는 디지털 기술을 활용한 노력으로 '불가능을 가능으로' 바꾼 일이다.

토익 점수 향상이 학습자가 가장 원하는 일이듯이 고객이 간절히 원하는 것을 원츠wants라고 한다. 원츠는 고객의 가슴속에 있지만 감히 표현을 하지 못하거나, 고객조차도 인식하지 못하는 부분이다. 여기서 말하는 원츠는니즈^{needs}와는 다르다. 니즈가 마치 빠르고 안전한 자동차라면, 원츠는 자율주행을 하는 꿈의 자동차와 같다. 예를 들어 신문을 읽는 독자의 원츠는 남보다 먼저 뉴스를 보는 것이다. 새로운 소식을 빨리 접해서 주식 투자를 하면 돈을 벌 수 있기 때문이다. 뉴욕타임스는 이러한 독자를 위해 유료로 제공하는 디지털판 뉴스에서 기자들이 취재한 모든 기사를 더욱 신속하게 제공한다. 바로 이러한 개념을 디지털 기술로 가능하게 했을 때, 우리는 이를 진정한 디지털 트랜스포메이션이라고 한다.

디지털 트랜스포메이션은 고난도의 과제이며 실패할 확률이 높은 사업이다. 따라서 디지털 트랜스포메이션을 추진하는 데 조직 내부에서 반대하는 목소리가 높다. 이제 기업과 공공기관에서 챗봇이나 RPA를 도입한 정도로 디지털 트랜스포메이션을 추진했다고 말하는 오류는 없어야 한다. 구성원 모두가 찬성을 하는 낮은 수준의 변혁은 결코 디지털 트랜스포메이션이라 할 수 없다.

디지털 트랜스포메이션, 제대로 알아야 한다

과연 우리는 제대로 된 디지털 트랜스포메이션을 진행하고 있는 것일까? 디지털 기술이 등장하고, 우리 사회의 디지털화가 촉진되고 있는 상황에서 기업과 산업의 디지털 트랜스포메이션은 디지털화의 궁극적인 목표이다. 이를 위해 디지털 트랜스포메이션에 대한 이해를 다시 해보기로 하자.

디지털 트랜스포메이션digital transformation을 한마디로 정의하자면 '디지털 기술을 사회 전반에 적용해 전통적인 사회 구조를 혁신하는 것'이다. 디지털 기술로는 빅데이터, 인공지능, 사물인터넷, 가상·증강현실, 로봇, 블록체인, 클라우드 등이 있으며, 기업들은 이를 활용해 새로운 경영 전략을 세우고 비즈니스 모델을 전환해 경쟁력을 강화해야 한다.

기업은 '제품 개발 → 제조·운영 → 마케팅·영업'으로 이어지는 가치 사슬을 디지털 기술을 통해 근본적으로 혁신해나가야 한다. 따라서 디지털 트랜스포메이션은 단 몇 초 이내에 설명이 가능한 핵심 개념이 있어야 한다.

국내 기업들은 단순히 RPA 또는 챗봇을 도입해서 업무의 생산성을 향상시키는 것을 디지털 트랜스포메이션이라고 홍보한다. 이는 디지털 기술을 적용한 하나의 사례일 뿐이고, 핵심 개념은 없이 주변 개념만 있는 것이다.

한때 레고는 비디오와 PC게임의 등장으로 장난감 인기가 크게 떨어져 파산 위기에 처했다. 레고의 부활을 위해서는 신선한 아이디어를 바탕으로 한 제품 개발이 필요했다. 또한 급부상하고 있는 영화, 모바일 게임, 모바일 애플리케이션을 이용한 새로운 전략이 필요했다. 그래서 나온 것이 레고 없이 레고를 설계하는 '디지털 디자이너'다. 레고의 첫 번째 디지털 트랜스포메이션은 고객이 레고 제품 기획 및 설계에 참여하도록 한 것이다. 이는 많은 레고 애호가들에게 환영받았고, 고객들은 가상공간에서 직접 자신

성공적인 디지털 트랜스포메이션 사례의 핵심 개념

기업	핵심 개념
레고	고객이 레고 블록 아이디어를 설계하고 이를 보상
뉴욕타임스	디지털판으로 모든 기사를 제공하고, 인기 있는 기사만 인쇄판으로 발간
BBVA	디지털 금융 서비스 강화
ZARA	패션 수요를 고객 데이터를 기반으로 결정, SCM 알고리즘 강화, 소비자에게 최신 패션 제공을 통해 소비자의 패션 라이프 사이클을 연장시킴
스타벅스	사이렌 오더를 핵심으로 디지털 플라이휠 구현
AWS	응용 프로그램 개발을 위한 라이브러리를 제공, 산업별 기능 및 알고리즘(머신러닝 기반 추천 엔진 등) 라이브러리 제공
아마존 Books	세상의 모든 책을 구매할 수 있음
아마존 유통	영업이익률 1%(박리다매), 48시간 내 배송(기존 1주 소요)
아마존 프라임 나우	최첨단 물류 창고와 설비 등을 통해 주문 후 1시간 내에 상품을 배달하는 서비스
아마존고	무인 점포
아마존 킨들	전자책, 많은 콘텐츠, 저렴한 가격, 도서 보관 용이
GE 프레딕스	디지털 트윈을 통해 관리, 예측 및 시뮬레이션 가능
배달의민족	매장과 배달 없이 주방만 갖고 영업하는 식당 플랫폼 구현
쿠팡	24시간 이내 로켓 배송하는 물류 체계, 알고리즘, 시스템 구현
버거킹	카페 구독을 하면 월 5달러에 매일 커피 1잔을 무료로 제공
아이폰	모바일에 컴퓨터 기능을 더함
애플 뉴스+	300개의 매거진을 아이폰 또는 아이패드로 볼 수 있음
산타토익	추천 알고리즘을 통한 개인별 맞춤형 콘텐츠 제공으로 학습자의 탁월한 토익 점수 상승을 가능하게 함

만의 작품을 만들고 다른 사람들과도 공유했다. 시들해졌던 레고의 인기가 되살아나는 순간이었다. 이처럼 고객이 필요로 하는 것을 알아내기 위해 고객 경험을 바탕으로 기업이 해야 할 이슈를 정의하고, 이를 비즈니스 모델과 디지털 기술을 통해 해결하여 궁극적으로 새로운 가치를 고객에게 전해야 한다.

이제 디지털 트랜스포메이션 추진 요소를 알아보자.

- 디지털 기술 측면 – 빅데이터, AI, IoT, AR · VR, RPA · 챗봇, 5G 통신, 블록체인, 드론 등
- 디지털 구현 측면 – 고객 경험, 비즈니스 개념의 재설정, 비즈니스 모델, 디지털 전환 과제, 디지털 프로세스 설계, 플랫폼 구축
- 디지털 이행 측면 – 디지털 전략 수립, 디지털 성숙도 평가, CDO 조직 구성, 디지털 역량 확보, 디지털 거버넌스 수립
- 디지털 활용 측면 – 디지털 정부, 스마트시티, 자율주행 자동차, 디지털 산업^{금융, 물류, 서비스, 교육, 공공 등}
- 디지털 사회 측면 – 디지털 워크, 포스트 코로나19, 디지털 인프라

이러한 5개 측면의 수십여 가지 요소 중에 가장 핵심적인 것은 비즈니스 개념의 재설정 및 디지털 전환 과제 정의다.

디지털 시대의 필수 생존 전략

디지털 트랜스포메이션은 이제 선택이 아닌 필수가 되었다. 그만큼 많은 기업과 공공기관이 디지털 트랜스포메이션을 추진하고 있다. 지금부터 디지털 트랜스포메이션이 필수가 된 이유를 알아보자.

첫째, 아날로그 시대의 한계이다. 이제 노동 생산성, 토지 생산성, 자본 생산성 등 기존의 생산성으로는 한계에 도달했다. 인터넷 및 모바일의 등장으로 데이터양이 증가한 오늘날 데이터 자산을 통한 생산성과 비즈니스 모델의 생산성, 플랫폼 생산성 등이 더욱 강력한 영향력을 미치고 있다.

둘째, 기업 경영의 돌파구 찾기이다. 기업은 경쟁력 강화를 위해 경영 혁신을 한다. 1980년대 경영정보시스템^{MIS} 구축, 1990년대 비즈니스 프로세스 리엔지니어링^{BPR} 도입, 2000년대 전사적 자원 관리^{ERP} 도입 등이 IT 기반의 경영 혁신 사례이다. 오늘날에는 AICBM, 즉 AI, IoT, 클라우드, 빅데이터, 5G 기반의 디지털 혁신으로 새로운 경쟁력 돌파구를 열고 있다.

셋째, 코로나19 팬데믹이다. 그동안 국내에서 지지부진했던 디지털 트랜스포메이션을 깨운 것은 비대면 사회로의 전환이다. 따라서 포스트 코로나 시대에는 원격교육, 원격근무, 원격의료, 화상회의, 원격 서비스, 디지털 이벤트, 로봇 서비스, 온라인 쇼핑, 가상 경험 경제, 증강현실 상거래 등이 일반화될 것이다.

넷째, 정부의 디지털 정책 추진이다. 정부는 코로나19에 따른 경기 침체 극복 및 4차 산업혁명 시대에 대응하기 위해 다양한 디지털 정책을 펼치고 있다. 그 예로 디지털 뉴딜 정책이 있다. 이 정책의 대표적인 사례로는 데이터 댐, 디지털 집현전, 데이터 기반 행정 활성화 등이 있다. 또한 최근에는 빅데이터와 인공지능 활용을 위한 데이터 경제 3법의 제정과 마이데이터와 같은 사업이 적극적으로 추진되고 있다. 결국 디지털 트랜스포메이션은 이 시대 생존을 위해 반드시 추진해야 할 과제이다.

스타벅스가 디지털 트랜스포메이션에 성공한 이유

디지털 트랜스포메이션 추진을 위한 번쩍하는 아이디어는 고객 경험을 통해서 얻을 수 있다. 고객 경험을 얻으려면 고객여정맵을 작성하는 방법이 있다. 우리는 고객여정맵을 통해서 고객의 다양한 목소리를 얻을 수 있다. 하지만 고객의 요구 사항은 대부분 니즈에 속하며, 원츠를 발견하기는 쉽지 않다.

고객의 요구는 다양하다. 2009년에 제시된 스타벅스 고객여정맵에서는 '종업원의 인사' '인테리어' '배경음악' '기다리는 긴 줄' '자리를 찾기 쉽지 않음' '인터넷을 할 수 없음' '신제품 지식' 등 다양한 고객의 요구가 나타난다. 우리는 이러한 조사를 통해 원츠를 뽑아내야 한다. 니즈는 다양하지만, 원츠는 딱 한 가지다. 기업이 니즈를 제공할 때 고객 만족customer satisfaction을 주지만, 원츠를 충족시킬 때는 고객 감동customer perfect을 선사한다. 스타벅스 고객여정맵의 하단에는 '기다리는 긴 줄' '종이 쿠폰 제공' '자리를 찾기 쉽지 않음'이 나타난다. 이러한 3가지 항목에서 원츠가 존재할 가능성이 높다.

1998년 개봉한 영화 〈유브 갓 메일〉을 보면 아침에 스타벅스에서 커피를 테이크아웃하기 위해 긴 줄을 서서 기다리는 장면이 나온다. 그렇다. 출근할 때나 점심시간에 긴 줄을 서서 기다리는 것은 스타벅스의 대명사처럼 보인다. 출근 시간이나 점심시간은 직장인들이 여유가 없이 쫓기는 시간이다. 이때 주문을 위해 '기다리는 긴 줄' '커피를 받을 때까지의 기다림'은 고객에게 가장 불편한 경험이다. 바로 이 지점에서 문제를 극복할 수 있다면 고객 원츠를 달성할 수 있는 것이다. 스타벅스는 특정 시간에 주문이 몰리는 문제를 '사이렌 오더'를 이용해 극복했다. 2014년 5월에 런칭한 사이렌 오더는 스타벅스 앱을 통해 주문하고 매장으로 받으러 가는 시스템이다. 출근길에 직장과 가까운 스타벅스에 사이렌 오더로 주문한 후, 매장에 들러 바로 픽업해가는 시스템이기 때문에 주문하기 위해 긴 줄을 설 필요가 없고, 음료가 나올 때까지 기다리지 않아도 된다.

디지털 사회를 완성시키는 디지털 트랜스포메이션은 결국 고객 원츠 식별에 의해 결정된다. 많은 기업과 공공기관이 디지털 트랜스포메이션에 도착하지 못하는 이유는 고객 원츠를 통한 강력한 비즈니스 모델의 확보를 하지 못한 채 백화점식 디지털 기술 도입에 머무르기 때문이다.

스타벅스 고객여정맵

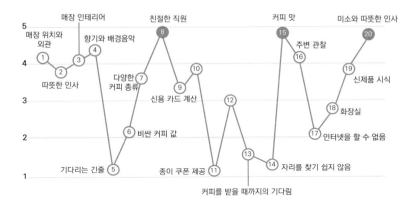

자료: 《리마커블 서비스》, 장정빈 지음, 2009

딜로이트의 디지털 성숙도 모델

디지털 트랜스포메이션이 조직에 정착하기까지는 수년간의 기간이 소요된다. 따라서 조직은 자기 조직의 디지털 성숙도 또는 디지털 사용 능력digital literacy이 현재 어느 수준인지 파악하고, 향후 단계별 목표를 설정해야 한다. 또한 자체적으로 디지털 성숙도 프레임을 확보하고 운영해야 한다.

디지털 트랜스포메이션의 선두 주자인 컨설팅 업체 딜로이트Deloitte는 디지털 성숙도 모델Digital Maturity Model을 제시하였다. 이는 고객, 전략, 기

디지털 성숙도 모델

고객	전략	기술	운영	조직 및 문화
·고객 참여 ·고객 경험 ·고객 통찰력 및 행동 ·고객 신뢰 및 인식	·브랜드 관리 ·생태계 관리 ·재무 & 투자 ·시장 & 고객 ·포트폴리오, 아이디어 발굴, 혁신 ·이해관계자 관리 ·전략 관리	·애플리케이션 ·연계성 ·데이터 & 분석 ·딜리버리 거버넌스 ·네트워크 ·정보 보호 ·기술 아키텍처	·애자일 변화 관리 ·자동화된 자원 관리 ·통합 서비스 관리 ·실시간 인사이트 & 분석 ·스마트 & 적합 프로세스 관리 ·표준 & 거버넌스 자동화	·문화 ·리더십 & 거버넌스 ·조직 설계 & 역량 관리 ·인력 지원

자료: '디지털 성숙도 모델', 딜로이트, 2018년

술, 운영, 조직 및 문화 측면의 5개 영역에서 28개의 점검 분야를 설정하고, 하위에 179개의 개별적인 평가 기준criteria을 통해 디지털 성숙도를 평가하고 있다. 딜로이트의 디지털 성숙도 모델은 브리티시텔레콤British Telecom, 차이나모바일China Mobile 등 다양한 글로벌 기업이 채택하고 있다. 조직은 디지털 성숙도 모델을 통해 매년 조직의 디지털 역량을 평가하고, 다음 해의 목표 디지털 역량을 설정하여 디지털화를 추진할 수 있다. 또한, 평가 지표가 취약한 분야는 추진과제를 통한 노력에 집중할 수 있다는 장점도 있다.

국내 디지털 트랜스포메이션 현 주소

국내의 경우 금융기관은 대부분 디지털 전략을 수립하고, 과제를 이행하고 있다. 정부기관인 경기도, KOICA, 국토정보공사, 한국가스공사, 한국관광공사, 한국남동발전 등이 디지털 전략을 수립하고 부분적으로 과제를 추진하고 있다. 공공분야에서는 디지털 트윈의 바람이 일고 있다. 국토교통부는 '지상·지하 통합 관리 디지털 트윈'을 추진하며, 해양수산부는 '항만 시설물 안전 및 유지 관리를 위한 디지털 트윈 체계'를 구축하고 재해·재난에 선제적으로 대응한다. 서울시의 '디지털 트윈 서울 S-Map'은 도시 전역을 대상으로 도시 문제 분석 시뮬레이션까지 가능한 디지털 트윈을 구축하는 것이다.

기존의 스마트시티는 최근 디지털 트윈을 통해 탄력을 받고 있는데, 국토정보공사는 전주시 디지털 트윈 구축을 추진하고 있다. 근래 들어서 정부는 스마트 팩토리에 대한 정책적 측면뿐만 아니라 지원금을 통해 집중 지원을 하고 있다. 또한 화학 플랜트chemical plant에 관한 스마트 팩토리를 스마트 플랜트smart plant라고 하는데, SK 및 이수화학 등에서 구축하고 있다.

롯데는 그룹 차원의 디지털 전략을 수립하고 실천하는 데 앞장서고 있다. 롯데면세점은 스마트 스토어를 개설했는데, 이는 오프라인 매장에 디지털 기술을 적용해 고객 체험을 강화하고, 대면 접촉을 최소화하는 것에 초점을 맞췄다. 스마트 스토어에 방문하는 고객은 먼저 자신의 스마트폰으로 매장 입구에 설치된 QR코드를 스캔해 스마트 스토어 전용 모바일 카트에 접속한다. 마음에 드는 상품의 바코드를 스캔해 제품 상세 정보, 상품평, 재고 수량 등을 확인한 후 모바일 장바구니에 바로 추가한다. 고객별로 제공되는 고유의 QR코드를 통해 일괄 결제까지 할 수 있는 '스마트 리테일 시스템'이 특징이다.

SK 역시 그룹 차원에서 디지털 전략을 추진한다. SK이노베이션은 업계 최초로 플랜트에 ICT를 더한 스마트 플랜트를 도입했다. 유해가스 실시간 감지, 회전기계 위험 예지, 스마트 공정 운영 프로그램, 스마트 워크 퍼밋 등 4개 분야에서 ICT 기술 융합을 추진했다. 회전기계 위험 예지는 IoT 기술로 진동·온도 등에 민감하게 반응하는 회전기계 상태를 실시간으로 모니터링을 하는 것이다. 또한 머신러닝으로 이전의 사고 사례와 당시에 있었던 이상 징후도 미리 학습시킨다. 공장에서 24시간 돌아가야 하는 회전기계가 멈출 경우 수백억 원의 손실이 발생하게 되는데, 스마트 플랜트를 통해 이를 예방할 수 있다.

국내 디지털 트랜스포메이션의 한계점

미국 등 선진국에서는 디지털 트랜스포메이션이 열광적으로 추진되고 있는 것에 반하여 국내에서는 왜 주춤하는 것인지 의구심이 든다. 이러한 국내 상황은 다음과 같은 사실에 기인한다.

첫째, 단편적인 디지털 기술 도입이 문제이다. 국내에서는 디지털 트랜스포메이션 이전에 4차 산업혁명이 먼저 유행했다. 그래서 기술 도입을 마치 디지털 트랜스포메이션인 것처럼 착각한다. 기업과 공공기관들은 초기에 챗봇과 RPA 도입을 시도하였다. 하지만 이러한 시도는 처참하게 무너졌다. 챗봇은 단순히 시나리오만 지원하는 형태의 서비스로 한정되었다. 인공지능을 적용한 챗봇이 되기 위해서는 많은 데이터가 축적되어야 하지만, 고객들은 충분한 인내심을 갖지 못했다. RPA는 현실의 프로세스가 단순해야 하는데, 국내 실정에는 많은 예외 사항이 있었고, RPA는 최초에 원하던 목적을 달성하지 못했다. 요즘은 매스컴조차 챗봇과 RPA에 대한 언급을 하지 않는다. 기술 도입이 성공한다고 한들 그것은 조직 전반의 혁신이 아니라 극히 일부분의 자동화에 불과하다. 챗봇과 RPA는 단지 자동화를 통해 인력 절감을 추구하는 노력이지 디지털 전환은 아닌 것이다.

둘째, 기존 정보시스템의 낮은 수준이 문제이다. 디지털 트랜스포메이션을 추진하기 위해서는 기존의 정보시스템이 어느 정도 수준에 올라와 있어야 한다. 하지만 국내 현실은 전혀 그렇지 못하다. 애플리케이션의 백로그기업 등에서 이미 정보시스템에 대한 개발 계획을 수립했지만 우선적으로 개발해야 하는 다른 시스템으로 인해 개발을 보류한 시스템가 수년 치 밀려있고, 데이터 통합이 필요하다. 또, 데이터 기반 분석 시스템을 구축하지 못해서 현업 인력들은 엑셀에 의존한 통계 작업을 위해 야근을 한다. 정보시스템 부서의 예산과 인력 역시 부족하다. 따라서 CIO^{chief information officer}는 디지털 혁신에 대한 내부 의견이 나오면 입을 굳게 다물 수밖에 없는 것이 현실이다.

셋째, CDO 조직의 부재이다. CIO 부서에서 디지털 트랜스포메이션을 외면하면 전략기획 부서에서 총대를 메고 전사 디지털 전략 수립에 나설 수밖에 없다. CIO 조직은 그간 BPR 및 ERP 같은 전사 혁신 경험이 있지만, 전략기획 부서는 경험이 부족하다. CIO 부서는 당장 적용할 수 있는 기술이 무엇인지 알고 있지만, 전략기획 부서는 장밋빛 그림을 마구 그려댈 뿐이다. 따라서 디지털 트랜스포메이션이 성공하기 위해서는 전략기획 부서에서 곁가지 업무로 디지털 전략을 수립하기보다는, 정상적으로 CDO 조직을 설치하고 조직의 인력 자원을 통합하여 디지털 트랜스포메이션을 추진해야 한다.

넷째, 디지털 전환의 핵심 아이디어 부재이다. 기업과 기관에서 디지털 전략을 수립하고 추진과제를 20여 개씩 만들어내도, 백화점식 나열만 있을 뿐 정작 기업과 조직의 과업을 재해석하고 진정한 디지털 트랜스포메이션을 주도할 만한 과제는 없다. 조직의 디지털 성숙도, 전문 인력 확보, 디지털 리터러시 강화 등 직접적인 과제에서 벗어난 간접적 화두만 거론할 뿐이다.

다섯째, 디지털 전환을 위한 선진 사례 부재이다. 동종 산업이나 동종 기업에서 참고할만한 마땅한 선진 사례가 없다. 기업과 조직에 적합한 모델을 스스로 창출해야 하는 것이다. 과거 국내에서는 경영 혁신을 할 때, 국내외 유사 기관의 선진 사례를 몇 개 가져다가 적당히 버무리면 그럴싸한 모델이 나왔다. 그러나 이제 그러한 접근은 한계에 도달했다. 디지털 트랜스포메이션은 전략 수립까지는 마케팅 부서와 관련이 깊고, 구축은 CIO 부서의 업무 분야이다. 하지만 국내 기업은 마케팅 부문의 역할이 미약해서 트랜스포메이션을 주도하기는 역부족이다. 아직까지 국내의 마케팅은 광고, 홍보, 시장조사, 캠페인 등의 수준에 머물고 있기 때문이다. 마케팅 역량이 출중한 글로벌 기업에 비해 국내 기업은 '마케팅은 곧 광고'로 인식하는 경향이 강하다. 때문에 마케팅 부서에서 조직의 과업을 재해석하고 새로운 판을 설계하기는 어려운 현실이다. 전략기획 부서에서 디지털 전략을 추진하겠다고 나서기도 하지만, 국내 조직의 전략기획 부서 시스템에서 디지털 트랜스포메이션의 성과를 기대하기는 어렵다.

여섯째, 국내 기업과 기관의 디지털 전략에는 전사적 비즈니스 모델 enterprise business model이 부재한다. 디지털 트랜스포메이션은 전사적 비즈니스 모델을 기반으로 기업과 기관이 하나의 플랫폼으로 전환되어야 한다. 스타벅스 디지털 플라이휠이란 플랫폼은 그 자체가 스타벅스이다. 그러나 최근 금융기관 등을 비롯한 국내 디지털 전략 수립에는 비즈니스 모델을

국내 기업 및 기관의 정보시스템 문제점

분야	문제점
애플리케이션	사용자 중심이 아니라 개발자 중심으로 구성됨 애플리케이션 백로그가 심화됨 애플리케이션의 중복이 심함 분석을 위한 애플리케이션 부재 정보시스템 간의 연동 미흡으로 수작업 업무 가중 업무 프로세스의 노후화 업무 프로세스 변경에 대응한 애플리케이션 개발 미흡 정보시스템의 사용자 만족도 저하
데이터베이스	데이터 통합을 위한 데이터 모델링 부재(필요시 데이터 구조 추가) 대용량 데이터 처리의 성능 저하 기본 데이터 변경 시 과거 자료값이 바뀌는 오류 발생 많은 양의 데이터 조회 시 시스템이 먹통이 됨 OLAP를 위한 DW/DM 구축 미흡
H/W 및 S/W	시스템 응답 속도가 늦음 서버 및 네트워크의 이중화 미흡 정보 보안 체계 취약
데이터 분석	빈번히 요구되는 각종 실적 자료의 시스템화 필요 지역별, 시간별 매출 현황과 같은 디테일한 분석 시스템의 부재 기간별 매출 실적 및 연간 조회 시간 느림
정보시스템 조직	개발자는 현장 경험이 없어서 사용자 요구 사항에 대한 이해도가 떨어짐 디지털 기술에 대한 역량 확보 미흡

찾아보기 어렵다. 전사적 비즈니스 모델은 기업의 가치사슬 전반을 관통하는 통찰력insight을 통해 얻어지는 것이다. 국내 금융기관 등의 디지털 전략은 주로 전략 컨설팅 업체에 의해 수립이 되는데, 전략을 다루는 기관에서는 비즈니스 모델을 극히 싫어한다. 그 이유는 미국 IT 업계를 선도하는 'FANG', 즉 페이스북Facebook, 아마존Amazon, 넷플릭스Netflix, 구글Google은 경영 전략과는 무관하게 비즈니스 모델로 성공을 했기 때문이다.

Trend 8
부산·세종·전주···
가상공간에 제2의 신도시를 세우다

#1 전주시는 '2025 버추얼 전주' 플랫폼 기반의 전주형 스마트시티를 구축한다. 이는 한국국토정보공사LX와 솔루션 업체인 한컴이 함께 '디지털 트윈 기반 스마트시티 서비스 개발' 프로젝트를 통해 완산구 효자동의 반경 4km를 대상으로 '3D 버추얼 전주 시범 사업'을 추진하는 것이다. 버추얼 플랫폼virtual platform은 시뮬레이션과 가상현실을 적용한 최첨단 디지털 트윈이다. 스마트시티를 위한 디지털 트윈은 ① 1,000만 그루 나무 심기 입지 선정, ② 폭염 취약지 분석 ③ 빈집 공간정보 활용 도시 정책 수립 ④ 음식물 폐기류 수거 체계 개선 ⑤ 주차 문제 해결을 위한 의사결정 지원 ⑥ 태양광 발전 효율화 ⑦ 건물 안전 관리, ⑧ 산업 시설 오염도 분석 ⑨ 취약계층 집수

리 등의 과제를 해결할 것으로 기대된다. 전주시는 사업 범위를 전주시 전역으로 확대하기 위해 전주정보문화산업진흥원, 한국국토정보공사, 전북대, 전주대, 스마트시티 솔루션 기업 등과 협업을 강화하고 있다. 또한 '구도심 경제 활성화를 위한 전주형 스마트시티 조성'에 나서는 한편 국토부, 과기부 공모 사업 등에도 적극 참여할 예정이다.

#2 충청남도 석문국가산업단지는 대對중국 무역의 전초기지이다. 최근 석문단지에는 LNG 인수기지가 들어선다. 한국가스공사는 이 시설을 디지털 트윈 기반의 스마트 플랜트로 건설할 것이라고 밝혔다. 원래 LNG 인수기지에는 제도적으로 시뮬레이터simulator를 확보하고, 이를 통해 설비 운전을 위한 교육 훈련, 시뮬레이션 등을 수행해야 한다. 시뮬레이터는 '멀 평션MUL function'에 대응하는 모의실험을 한다. MUL이란 '긴급사태 종합목록master urgency list'을 의미하며, LNG 시뮬레이터는 화재, 지진, 해일 등 80여 개에 상황에 따른 대처 훈련을 수행한다. 이제는 시뮬레이터보다 한 단계 업그레이드된 스마트 플랜트를 디지털 트윈으로 구축하는 것이다. LNG 인수기지의 스마트 플랜트는 설비의 안정적 운영, 설비 가동 효율 증대, 설비관리 비용 절감, 위험에 대한 실시간 대응 등이 기대된다.

CPScyber-physicial system 생태계 구현은 디지털화의 진정한 목표이다. CPS 를 위한 디지털 트윈digital twin은 플랜트, 선박, 도시 등과 같은 물리적 세계와 동일한 디지털 쌍둥이를 사이버공간에 만드는 것이다. 2016년 GE가 현실과 가상이 연결된 디지털 트윈을 실현하면서 주목받기 시작했다. GE는 디지털 트윈을 활용한 결과, 엔진 고장을 검출하는 검사의 정확도를 10% 개선했으며, 정비 불량으로 인한 결항도 1,000건 이상 감소하는 효과를 거뒀다.

최근에는 디지털 트윈을 통해 교통 · 주택 · 환경 등 고질적인 사회문제를 저비용으로 해결하려는 스마트시티에 대한 요구가 증가하고 있다. 디지털 트윈은 빌딩 정보 모델, 디지털 용광로, 디지털 트윈 선박, 디지털 환자, 버추얼 터미널 등에 적용되고 있다. 앞으로 스마트 팩토리, 스마트 플랜트, 국토 관리, 스마트 물류 등에 디지털 트윈이 적용될 전망이다.

항공 엔진 검사에 걸리는 시간, 단 0.2초

디지털 트윈이란 용어는 2002년 미국 미시간대학교 마이클 그리브스Michael Grieves 교수가 처음 사용했으나 당시에는 개념적으로만 존재했다. 2016년 GE 가 현실과 가상이 연결된 디지털 트윈을 실현하면서 주목받기 시작했다.

항공 엔진 산업에서 GE는 디지털 트윈 기반 엔진 제조 서비스servitization

모델을 사업화하였다. 이는 엔진에 200여 개가 넘는 센서를 부착하여 데이터를 수집하고 중앙 통제실에서 실시간으로 분석함으로써 엔진 상태 모니터링, 에너지 절감 솔루션 적용 등을 수행하는 것이다. 또한 엔진을 고장 없이 사용한 기간에 비례하여 요금을 청구하는 'Power Per Hour'를 채택함으로써 수리 비용에 불만이 많았던 고객들을 만족시켰다. 이러한 디지털 트윈의 활용 성과로, 엔진 고장에 대한 검출 정확도는 10% 개선됐으며 정비 불량으로 인한 결항 건수도 1,000건 이상 감소하는 효과를 거둘 수 있었다고 한다.

유사한 사례로 롤스로이스Rolls-Royce는 디지털로 만든 항공 엔진 축소 모형을 검사에 활용한다. 과거에는 사람이 직접 블레이드blade를 해체하고 엔진을 수동으로 점화하는 등 검사 과정 전반에 많은 시간과 비용, 안전 문제 등이 있었다. 그러나 디지털 트윈이 적용된 엔진 검사에서는 1회 검사에 걸리는 시간이 고작 0.2초로 감소했다. 따라서 롤스로이스는 물리적인 검사를 수행할 때보다 비용 절감과 시간 절약, 안전 유지 등 모든 측면에서 효율성을 개선할 수 있었다.

디지털 트윈은 자동차 제조 분야에서도 성장 모멘텀momentum을 가져왔다. 이탈리아의 고급 자동차 회사 마세라티Maserati는 제조 현장에 디지털 트윈을 적용함으로써 2012년 6,288대 수준이던 생산량을 2016년 4만 2,000대까지 약 6배 이상 증산했다. 이런 성과를 위해 지멘스와 마세라티는 디지털 트윈을 차량 생산에 접목해보는 시도를 했다. 이를 통해 마세라티는 기블리 모델의 개발 초기 단계부터 실제 모델과 가상의 디지털 모델

데이터를 동시에 활용해 전체 공정을 최적화했다. 또한 시제품으로 도로 주행 자료를 수집한 뒤 디지털 모델에서 다양한 상황을 가정한 테스트를 거쳐 제품 개발의 정확도를 개선했고, 생산기간도 단축했다.

GE는 2016년 산업용 클라우드 기반 오픈 플랫폼 프레딕스^{Predix} 를 공개한 후 2017년 약 80만 개의 디지털 트윈을 개발하는 등 세계의 산업용 디지털 트윈 시장을 선도하였다. 그리고 APM$^{asset\ performance\ management}$ 솔루션을 통해 제트엔진, 풍력발전, 해양 석유 굴착 등을 개선했다. 이는 120만여 디지털 트윈 고객들에게 약 150억 달러를 절감해주는 효과를 낳았다. 가트너는 디지털 트윈을 2017년부터 3년간 전략 기술 트렌드 전망에서 'Top 10' 기술로 선정했다. 이로써 사람들은 디지털 트윈을 주요 기술로 인식하게 되었다.

나이아가라 폭포 근처에 위치한 뉴욕전력공사^{NYPA}의 수력 발전소는 GE 프레딕스 기반의 관제 시스템과 디지털 트윈을 추진하고 있다. 2017년 NYPA는 발전소에 16개의 터빈^{turbine}과 발전기, 수백 대의 클라우드 네트워크를 통해 수천 개 이상의 산업 인터넷 센서를 부착하는 프로젝트를 수행했다. 이는 장비 최적화를 위해 베어링^{bearing} 가속도·진동·마모·열·습도 등의 실시간 데이터를 수집한다. 디지털 트윈은 향후 약 22억 5,000만 달러 수준의 운영비를 절약할 것으로 기대된다.

디지털 트윈은 가상세계에 현실을 반영한 모델을 구현하여 데이터의 '생성 → 전송 → 취합 → 분석 → 인사이트 → 실행'의 절차를 통해 실세

계와 가상세계를 실시간으로 통합하는 것이 목표이다. 디지털 트윈의 구현
단계는 다음과 같다.

- 레벨1 – 현실 객체의 속성을 반영한 디지털 3D 시각화
- 레벨2 – 물리적 환경과 모델 간의 실시간 모니터링
- 레벨3 – AI 기반의 고급 분석 및 시뮬레이션 구현

현재 국내 디지털 트윈은 3D 시각화와 실시간 모니터링 수준에 도달
했으나, 분석 · 예측 · 시각화에 대한 발전은 아직 진행 중이다.

디지털 트윈을 위한 기술적 요소는 다음과 같다.

- 3D 모델링 – 제품 · 공정 · 시스템 등의 형상을 가상공간에 구현
- IoT – 물리적 객체의 실시간 데이터 수집 및 물리 · 가상 객체 간 데
  이터의 원활하고 정확한 양방향 전송 수행
- AI – 데이터를 통한 학습, 시뮬레이션, 예측 모델을 구현
- 5G – 실시간 정보 소통으로 디지털 트윈의 반응성 향상
- 대시보드 – 시설물 통합 관리 및 위험 상황 사전 인지 등의 통합 관제

또한 디지털 플랫폼을 위해서는 3가지가 필요하다. 그것은 3D 모

디지털 트윈의 구현 단계

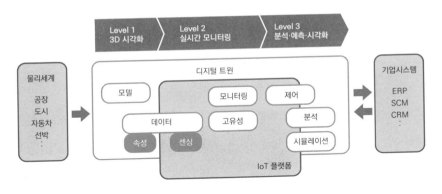

자료: 과학기술정보통신부, '5G기반 디지털 트윈 공공 선도 사업', 2021

델링을 위한 CAD 시스템, 현장 데이터를 수집하는 제조실행시스템^{MES,}

manufacturing execution system, ERP 시스템이다. 그리고 이러한 시스템의 연

결성을 확보하기 위해서는 다음과 같은 기술이 요구된다. 바로 통합 미들

웨어middleware, SAMsecure application module, secure access module 소프트웨어,

데이터 레이크data lake 등이다.

현실 세계를 가상공간에 재구성하다

디지털 트윈을 구현하려면, 물리적 모델의 센서에서 아날로그 데이터를 수집하여 디지털 데이터로 단순히 일대일로 저장하는 정적인 디지털 모델이 필요하다. 센서 · 사물인터넷 · 인공지능 · 3D 프린팅 등 관련 요소들이 발전하면서 시장이 급성장하고 있다. 최근 10년간 초소형 정밀 센서 가격이 3분의 1 수준으로 하락하고 있다. 근래 들어서 디지털 트윈이 생산성 개선은 물론 다양한 사회문제까지 해결할 것으로 기대되면서 제조 이외에 교통 · 도시 분야까지 적용 범위가 확대되고 있다. 생산 현장에서는 디지털 트윈으로 설비의 이상 징후를 사전에 감지하여 정비하고, 생산 공정의 에너지 흐름을 분석하여 낭비 요인을 제거하는 등 다양한 솔루션으로 활용된다. 디지털 트윈으로 항공 · 발전 분야의 연료 효율이 1% 증가하면 이는 연간 6~8조 원을 절감하는 효과를 가져온다. 또한 에너지 설비 가동 시간을 1% 증가하면 연간 5~7조 원의 비용이 절감된다.

최근에 등장한 디지털 트윈이 급속도로 성장하는 까닭은 기존에 운영되던 시뮬레이터에 기반을 두고 있기 때문이다. 항공기, 원자력 발전소, LNG 플랜트 등은 법적으로 시뮬레이터를 갖추게 되어있다. 이러한 시뮬레이터는 교육 훈련, 연구, 비상 대응을 위한 업무에 활용되어 왔다. 그러나 시뮬레이터는 물리적 세계로부터 센서를 통해 실시간으로 데이터를 수집하고, 피드백을 통해 중앙 통제 센터를 컨트롤하는 기능이 없다. 즉, 물리적 세계와 디지털 모델이 철저하게 분리되었던 것이다. 디지털 트윈은 물리적 세계와 통합된 것이 특징이다. 따라서 디지털 트윈은 시뮬레이션 · 최적화·예측 작업을 수행한 뒤 그 결과를 다시 현실 세계에 반영하는 일련의 피드백 시스템을 제공한다. 디지털 트윈은 현실 세계에서는 불가능한 리허설을 가상세계에서 함으로써 사전에 미칠 영향을 파악하고 이해당사자들과 소통하며 불필요한 갈등과 위험을 줄일 수 있다.

디지털 트윈으로 만드는 스마트시티

최근 들어서 복잡해진 도시에서는 디지털 트윈을 통해 교통·주택·환경 등 고질적인 사회문제를 저비용으로 해결하려는 요구가 증가하고 있다. '버추얼 싱가포르Virtual Singapore'는 도시의 지형·건물·도로·사람·바람·열·전기·물자 등을 디지털 공간에 재현하고 시민이 직접 참여하여 사회문제를 정의하고 해결하기 위한 시도를 한다.

2018년 싱가포르는 국토 가상화 프로젝트 '버추얼 싱가포르'를 성공적으로 완수했다. 버추얼 싱가포르는 싱가포르의 건물·도로·구조물·인구·날씨 등 실제 도시를 구성하는 각종 유무형의 데이터를 3D 가상환경에 반영한 디지털 트윈이다. 이는 주로 공공기관과 IoT를 통해 수집한 데이터를 기반으로 건물의 이름과 크기, 특징 등의 기본 정보와 주변 주차 공간과 도로 구성, 길가에 심어진 가로수, 심지어 시간에 따른 날씨 변화 등 거의 모든 데이터

버추얼 싱가포르

도시에 세워진 건물 옥상이 받는 일조량을 분석해 태양광 패널을 설치할지 결정을 돕는 서비스인 '버추얼 싱가포르'의 실행 화면

자료: 싱가포르 국립연구재단

를 언제든 실시간으로 파악할 수 있도록 설계됐다. 이는 각종 시뮬레이션, 연구·개발, 계획 수립, 의사결정 같은 도시 운용 과정 전반에 활용된다.

디지털 트윈은 건물이나 공원 건설 등의 프로젝트 추진 시 플랫폼 내에서 주변 경관과의 조화, 교통에 미치는 영향, 일조권 침해 여부 등의 사전 조사 항목을 파악한다. 만약 프로젝트가 차량 흐름이나 통행에 불편을 발생시킨다면, 이를 최소화하기 위한 보완 통로 구축을 위한 추가 시뮬레이션을 진행하거나, 더 나은 설계로 변경하기 위한 여러 테스트를 수행할 수 있다. 또한 건물 내 발생할 수 있는 상황에 대한 테스트도 가능하다. 버추얼 싱가포르 데모 영상에서는 긴급 상황 발생 시 건물 내 안내원의 유무가 시민들의 대피 시간에 얼마나 영향을 끼치는지에 대한 시뮬레이션 과정을 시각화를 통해 보여준다. 날씨 변화에 따른 시뮬레이션도 가능하다. 플랫폼은 일조량과 풍향, 기온 변화 등의 데이터를 함께 수집하며, 약간의 조건 검색만으로 특정 지역의 일조량과 건물 면적, 옥상 온도 변화 데이터 등을 알아낼 수 있다. 또한 버추얼 싱가포르는 지역별 태양전지 패널 설치에 가장 적합한 장소를 물색하기도 한다.

디지털 트윈 기반의 스마트시티는 세계적으로 여러 곳에서 건설되고 있다. 대표적인 스마트시티는 다음과 같다.

- 네옴NEOM - 사우디가 500조 원 이상을 투자하는 사막 위의 미래형 도시
- 포레스트 시티Forest City - 말레이시아가 기술과 자연을 결합하여 생태학적으로 지속 가능한 스마트시티 구축
- 우븐 시티Woven City - 토요타가 자율주행, 인공지능 등의 실증 도시를 건설
- 캐나다 토론토 사이드워크 랩Sidewalk Labs - 구글이 기획하고 개발하려고 했던 스마트시티
- 미국 벨몬트Belmont 스마트시티 - 2017년 빌 게이츠Bill Gates가 미국

벨몬트에 약 8,000억 달러를 투자하여 건설한 스마트시티

국내에서도 디지털 트윈 기반 스마트시티를 시도하고 있다. 국내를 대표하는 스마트시티는 다음과 같다.

- 세종시 스마트시티 구축 사업 – 2021년까지 약 1조 5,000억 원의 사업비가 투입될 예정으로 공유 차량 중심의 스마트시티를 구축함
- 부산 에코델타시티^{EDC} 구축 사업 – 2030년까지 약 2조 2,000억 원의 사업비가 투입될 예정으로 물 분야에 특화된 기술을 적용함
- 3D 버추얼 전주 시범 사업 – 전주시와 LX가 추진하는 디지털 트윈 기반의 스마트시티

특히 전주시는 8개 행정 서비스 사례와 함께 12개의 '디지털 트윈 기반 확산 적용할 활용 서비스'를 제시했다. 확산 서비스는 지하 정보 제공, 재난·재해 방역, 하천 수위 시뮬레이션, 하천 오염물질 모니터링, 조깅 및 VR 트레킹, 부동산 입체 정보 제공, 소방 안전, 문화재 정보 제공, 주차면 서비스, 도로 변화 탐지, 어린이보호구역 서비스, 3D 입체 내비게이션 서비스 등이다.

전주시 디지털 트윈 기반 스마트시티 행정 서비스 사례

서비스 모델	활용 데이터	결과 및 활용
1,000만 그루 나무 심기 효과 분석	국·공유지, 유동 인구, 도시계획 시설, 토양등급 등 15종	미세먼지 감소, 온도 저감 시뮬레이션 * 식재 최적지 선정 등
폭염 취약지 분석을 통한 대응 지원	지표 온도, 65세 이상 인구, 무더위 쉼터 등 9종	열섬 지역 분석, 취약계층 분포 분석 등 * 무더위 쉼터, 그늘막 설치 입지 선정
음식물류 수거 체계 관리	법정구역정보, 수치표고모형, 폐기물 수거업체 등 7종	행정 동별 수거 난이도 분석 * 효율성·형평성을 고려한 수거 체계 지원
태양광 발전 효율 분석	건축물 에너지 사용량, 도로명 주소 건물 등 3종	지역별·건물별 태양광 효율 제시 * 에너지 정책 지원 등
불법주정차 단속 경로 지원	불법주정차 단속 현황, CCTV, 소방시설 등 6종	상습 불법주정차 구역 등 제시 * 불법주정차 이동단속경로 지원, 고정형 CCTV 입지 선정 등
건축물 관리 점검 지원	건축물대장 총괄표제부, 법정동경계 등 9종	건축물 관리 점검 대상 추출 * 안전 취약 건물 점검 지원 등
산업단지 대기오염 확산 분석	공장 등록 현황, 휴폐업 공장 부지, 대기 배출 시설현황 등 7종	대기 오염 물질 확산 분포 등 * 오염 배출원 관리, 환경오염 정책 수립
집수리 지원 사업 이력 관리	저소득계층 노후 주택 개보수 사업, 에너지 효율 개선사업 자료 등 8종	저소득계층 노후 주택 수리 이력 현황 제시 * 수혜자 관리, 집수리 중복 지원 방지

자료: 한국국토정보공사, 'LX 한국형 디지털 트윈 실증 모델 구축' 보도자료

다양한 분야에 적용하는 디지털 트윈

빌딩 관리를 위한 빌딩정보모델BIM, building information modeling은 근래에 지속적으로 발전해왔다. BIM은 영국, 미국, 싱가포르 등에서 활용이 의무화되고 있으며, 국제 표준 모델 개발을 추진하고 있다. 또한 최근에는

BIM에 디지털 트윈을 적용하려는 시도가 활발하다. 디지털 트윈을 적용하면 다음과 같은 업무를 할 수 있다.

- 투시도 및 조감도 활용, 동영상 제작, 설계안 검토 등을 통한 건물 외관 및 내부 디자인 검토 등을 수행
- BIM 실시 설계 도면 산출
- 견적을 위한 수량 기초 데이터 산출
- 건물에 대한 동적 에너지 시뮬레이션
- 일조시간 검토, 일영 검토, 최대앙각 검토

대표적 굴뚝산업인 철강 분야에서도 디지털 트윈이 확산되는 분위기이다. 포스코는 2016년부터 디지털 용광로^{digital furnace}, 스마트 솔루션 등 다방면의 디지털 트윈 사업을 추진했다. 특히 고온·고압 환경으로 블랙박스 영역이 많았던 상공정^{upstream}에 디지털 트윈이 도입되면서, 기존보다 연간 8만 5,000톤의 용선^{쇳물}을 추가로 뽑어내는 등 생산성을 5% 이상 개선했다. 즉 디지털 트윈을 통해 용광로 내부의 쇳물 온도 및 연소 상태를 IoT 센서로 수집하고, 수집한 데이터를 분석하고, AI 등을 통해 정밀 점검하고 최적 제선^{Iron Marking} 솔루션을 제시했다. 그 결과 에너지 절감, 제품 품질 향상 등 생산성을 큰 폭으로 개선할 수 있었다.

우리나라의 조선 분야는 자타가 공인하는 세계 최고의 기술과 건조 능력을 갖추고 있다. 특히 대형 컨테이너선, LNG 운반선, 해양 플랜트는 고도의 기술을 기반으로 경쟁력을 확보하고 있다. 그러나 조선 해양 산업은 전통적인 제조 방식에 의존하고 있다. 최근에는 AI, IoT, 빅데이터, 클라우드, 블록체인 등 디지털화된 정보를 활용하는 혁신적 고부가 제조 방식으로의 패러다임 대변혁이 필요하게 되었다. 따라서 디지털 트윈 기술을 선박에 적용하고자 하는 시도를 하고 있다.

첫 번째, 실선과 디지털 트윈 선박의 동기화를 통해 선박 생애 전주기에 대한 '과거-현재-미래' 상황을 예측함으로써 생산성 향상, 선제적 유지보수, 최적 안전 운항, 기자재 또는 신선종 개발에 기여하는 것이다.

두 번째, 가상공간에 실물과 동일한 선박 시스템 구축으로 선박·기자재 설계 및 생산 오류를 최소화하여 선박 건조비 절감 및 작업 안전성을 제고하는 것이다.

세 번째, 조선·해운·서비스 산업 전반적 생산성 향상, 원가 경쟁력 강화, 전문 인력 양성, 신규 일자리 창출 등 조선 전·후방 산업의 고부가 가치화 생태계 조성을 가능하게 하는 것이다.* 최근에는 의료기기 선도 사업자인 필립스^{Philips}에서 디지털 트윈을 통해 현재 건강 상태를 파악하거나 앞으로의 상태 변화를 예측하는 방안을 제시했다. 환자 개인의 신체 정

---

* 〈대한조선학회지〉 제57권 제4호 '디지털 트윈 기술 선박 적용' 참고

선박의 디지털 트윈 개념도

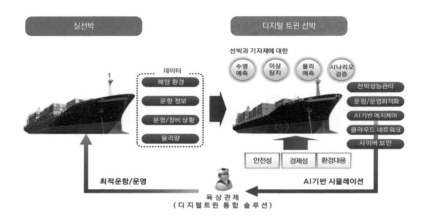

자료: 〈대한조선학회지〉 제57권 제4호, '디지털 트윈 기술 선박 적용'

보를 종합하고 디지털 트윈을 기반으로 '디지털 환자'라는 가상 신체를 구현하는 것이다. 이를 통해서 의사는 유사한 환자의 치료 방법이나 피해야 하는 치료 방법 등을 쉽게 파악한다. 필립스의 아발론Avalon 제품군에 새롭게 추가된 '태아와 모성Fetal and Maternal' 제품은 임산부의 배에 부착할 수 있는 무선 패드형 센서와 의료진들이 원격으로 태아와 산모의 활력 징후를 모니터링할 수 있는 디지털 트윈을 함께 제공한다.

녹원정보기술Rokwon IT은 2011년 설립된 기업 모니터링 분야의 국내 스타트업으로 싱가포르에 위치하고 있다. 이 회사는 각종 장비와 차량 위치, 상태 정보 등을 실시간으로 처리해 3D-GIS지리정보시스템 지도 기반 위에 데이터를 가시화하는 항만 관제 모니터링 시스템 '버추얼 터미널^{Virtual Terminal}'을 개발했다. 이 회사는 빅데이터 처리, 사물인터넷 기반 3D-GIS, 실시간 가상화 모니터링 분야의 역량을 보유했다. 버추얼 터미널은 실시간 가상화 시스템으로 항만 터미널 내 신호를 데이터화하고 객체화하며, 분석 데이터를 3D-GIS 지도 위에 보여준다. 버추얼 터미널과 CCTV 솔루션은 항만 터미널 내 현장 상황을 3차원 화면과 CCTV 화면으로 동시에 보여준다. 이는 실시간 위치 기반 데이터와 사물인터넷 기반 상황 정보를 연계하고 활용하는 기술이다. 컨테이너 이동 경로 최적화 프로그램 '이글아이^{Eagle Eye}' 시스템에도 관련 기술을 적용한다. 이러한 솔루션은 인천 창조경제혁신센터에서 추진하는 국내 최초 3D 기반 실시간 항만 터미널 관제 시스템 '컨테이너 터미널 3차원 가상화 관제 시스템 개발' 시범 사업에도 활용됐다.

녹원정보기술의 솔루션은 정적인 터미널 운영 시스템에서 벗어나 항만 터미널 현장 상황에 능동적으로 대응한다. 이를 통해 컨테이너 차량 위치와 크레인 위치, 상태 등을 실시간 확인해 무인 자동화 항만 터미널을 운영하며, 작업 시간과 안전사고 위험을 줄여준다. 이 솔루션은 아랍에미리트 DP&W 두바이 제브랄리 터미널 3에 시범 적용해 항만 생산성을 65% 향상시켰고, 실시간 관제를 통한 작업 지시로 안전 사고 발생 건수도 줄었다. 녹원정보기술은 이러한 경험과 기술력으로 향후 공항 지상 조업 관제, 야드 관제, 자동화 물류센터, 자율주행차량 관제 등으로 영역을 확대할 예정이다.

버추얼 터미널 운영 화면

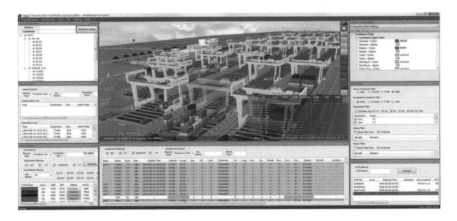

디지털 뉴딜의 새로운 과제

정부는 디지털 뉴딜의 과제로 디지털 트윈 기반의 전국 3차원 지도, 지하공간통합지도 · 지하공동구 지능형 관리시스템, 정밀도로지도 구축 등을 추진할 예정이다. 전국 3차원 지도는 도심지 등 주요 지역의 지형을 3차원으로 구축하고, 12cm급 고해상도 영상지도를 작성하는 것이다.

지하공간은 상 · 하수도, 공동구 등을 입체적으로 파악할 수 있는 지하공간 3차원 통합지도상·하수도, 통신, 전력, 가스, 열수송, 지하공동구, 지반정보 등 15종의 지하정보를 반영한 3차원 지도를 마련하고 노후 지하공동구는 스마트한 관리로 수명연장이 가능한 노후^{10~30년 경과} 지하공동구 120km에 계측기 설치 등 지능형 관리시스템을 구축할 계획이다.

정밀도로지도는 자율주행차를 위한 핵심 인프라인 정밀도로지도를 국도와 4차로 이상 지방도까지 확대 구축할 예정이다. 이에 따라 국토교통부가 지상·지하 통합관리 디지털 트윈 체계를 추진하고 있다. 이는 지상·지하가 연결된 3차원 디지털 지도를 기반으로 각종 시설·행정·민간 정보를 융합한 현실과 같은 국토를 의미한다. 이를 통해 국토·시설의 안전 관리를 지원하고, 시뮬레이션으로 각종 도시·환경 문제 등의 솔루션을 제시할 수 있으며, 무인비행 장치, 자율주행차, 증강·가상현실, 스마트시티 등 신산업을 현실화하고 원활히 작동할 수 있도록 엔진 역할을 수행하는 것이 목적이다.

지상·지하 통합관리 디지털 트윈에 관련된 현행 정보시스템은 브이월드^{공간정보 오픈 플랫폼 지도, map.vworld.kr}, 국토정보시스템, 국가공간정보통합체계, 공간빅데이터분석플랫폼, 지하공간정보관리시스템, 한국토지정보시스템, 국토정보플랫폼^{지리원} 등이 있다.

디지털 트윈은 단기간에 구축하는 것이 불가능하며, 수년간에 걸쳐 여러 단계의 진화를 통해 구축된다. 따라서 이러한 단계를 측정하기 위한 디지털 트윈 성숙도 모델이 필요하다. 여기서 제시되는 디지털 성숙도의 5단계는 '형상모사 디지털 트윈 → 정적 디지털 트윈 → 동적 디지털 트윈 → 상호작용 디지털 트윈 → 자율 디지털 트윈'을 거치게 된다.

디지털 트윈 성숙도 모델

성숙도 수준	명칭	요구 사항	사례
5	자율 디지털 트윈 (Autonomous Digital Twin)	• 현실의 물리 트윈과 디지털 트윈, 또한 다수 디지털 트윈들 간의 실시간, 통합적, 자율·자동 동기화 동작(사람의 개입 불필요)	
4	상호작용 디지털 트윈 (Interactive Digital Twin)	• 이종 도메인이 상호 연계되는 디지털 트윈 간의 연합적 동작 모델 • 디지털 트윈 간의 연계, 동기화 및 상호작용 작업(동작 수행을 위해 사람의 개입이 요구됨) • 디지털 트윈 간의 데이터 인터페이스 버스와 동기화를 통해 작용과 반작용의 상호작용을 할 수 있으나, 최종 실행 단계에서 관리자의 확인·결정을 통한 개입이 필요 • 인터페이스 버스는 물리 트윈의 생애 주기 전체 과정에 걸쳐 디지털 트윈 상호 연동을 위한 데이터 흐름 채널로 기능함	
3	동적 디지털 트윈 (Dynamic Digital Twin)	• 현실 대상에 대한 동작 모델이 존재함 • 동작 모델에 대한 입력 변수의 변화를 통해 변화되는 동작을 시뮬레이션할 수 있음 • 현실 대상에게 이미 일어난 문제에 대해 로그 데이터를 바탕으로 동작 모델을 통해 문제를 재현하여 원인 분석을 할 수 있음 • 현실 대상과 디지털 트윈은 데이터 링크(예: MTConnect)를 통한 동기화에 따라 작용과 반작용의 상호작용을 할 수 있으나, 최종적인 실행 단계에서 관리자의 확인과 결정을 통한 개입이 필요할 수 있음(시스템의 안정성과 신뢰성을 보장할 수 없는 경우에 사람의 개입이 반드시 필요)	CAE, Digital Factory, Virtual Singapore, HILS, CPS, 등
2	정적 디지털 트윈 (Static Digital Twin)	• 구축 때 설치되고, 고정되어 있고, 재구축 때 외에는 사실상 영구적인 통신 연결 • 행동 및 역학 모델은 없지만, 프로세스 논리가 적용되어 운영 • 실시간 모니터링 • 부분 자동 제어, 그러나 주로 인간의 개입을 통한 동작	SCADA, DCS, CAM, 등
1	형상모사 디지털 트윈 (Look-alike Digital Twin)	• 2D 또는 3D로 모델링되어 시각화된 현실	CAD 등

자료: ETRI, 〈디지털 트윈의 꿈〉

디지털 트윈이 가지는 양면성

디지털 트윈은 향후 10년간 제조 현장인 스마트 팩토리^{자동차, 항공기 제작} ^등, 스마트 플랜트^{철강, 화학, 에너지 등}, 국토 관리^{스마트시티, 공공시설물, 교통 등}, 스마트 물류 등의 분야에 집중적으로 적용될 전망이다. 그 이후에는 점차 적용 범위가 자율주행차, 헬스케어 등 전 산업 분야로 확산될 것이다. 디지털 트윈은 현재 개인용 컴퓨터 및 모바일을 대상으로 적용되지만, 향후에는 VR · AR · MR 및 메타버스를 활용하는 시대가 열릴 것이다.

그러나 디지털 트윈에 집중된 뜨거운 관심에 대한 우려도 나타난다. 여기에는 가보지 않은 길을 걷는 두려움과 흥분이 혼재되어 있다. 다만 우리는 디지털 트윈이 만병통치약이 아니라는 것을 기억해야 한다. 지난 20여 년간 u-City, 스마트시티 등이 추진되어왔지만 우리가 몸소 느낄 만한 이렇다 할 실적은 보이지 않고 있다. 디지털 트윈에 대한 우려도 마찬가지다.

디지털 트윈 추진은 기회적인 측면의 장점과 적용에 따른 위험 요인이 동시에 존재한다. 기회적인 측면의 장점은 ① 건축 · 건설 및 운영비용 감소 ② 보다 효율적인 각종 설계 수행 ③ 장단기 효율성 및 생산성 향상 ④ 각종 자산 상태에 대한 더 나은 통찰력 제공 ⑤ 가상공간에서 시뮬레이션 혹은 리허설을 통해 사전 위험 요소 파악 및 갈등 비용 절감 등이다. 위험 요인을 살펴보자면 ① 사이버 보안 문제 ② 무분별한 데이터 수집으로 인한 개인정보의 유출과 데이터에 기반한 사회 통제와 감시 문제가 발생 ③ 과대 홍보와 과도한 기대 ④ 시스템의 복잡도에 따라 증가하는 디지털 트윈 구축과 관리 비용 증가 및 오작동 증가 ⑤ 미흡한 표준화와 산업계 협력 ⑥ 부족한 전문 인력 등이 있다.

디지털 트윈과 스마트시티는 기업 및 기관들이 저마다 우후죽순식으로 추진하는 상황이다. 이러한 사업이 성공적으로 진행되기 위해서는 기술적 관점에서 상호운용성 확보를 위한 표준이 매우 중요하다. 이는 포맷이나 최소한 인터페이스 표준을 통해 레고 블록을 끼워 맞추는 것처럼 되어야 한다. 그리고 데이터 생애 주기를 이해하고 이에 따른 활용 방안 모색이 필요하며, 디지털 트윈 구축의 긴 여정 동안 단계별 성과물과 가치에 집중할 수 있는 지속적 추진이 요구된다. 또한 정부 · 산업계 · 학계 · 연구기관의 협력과 소통이 요구된다.

디지털 트윈의 가치는 타 영역과 연동을 통해서 시너지가 형성될 것이다. 따라서 개별 산업 위주 관점에서 벗어나 국가 차원의 통합적 정책과 통찰이 필요하다. 특히 각종 정책 규제에 따른 어려움이 우려된다. 이를 위해서는 정부의 4차산업혁명위원회 등의 조직 산하에 정책 규제 해소를 위한 조직을 설치해 기업 및 기관이 디지털 트윈 등의 혁신을 가로막는 정책 규제를 건별로 허용해서 규제의 장벽을 허물어야 한다. 어쨌든 산업 현장과 사회는 디지털 트윈을 통해 디지털 트랜스포메이션으로 급속하게 이동하는 중이다.

향후 10년간 주식시장을 주도할 빅테크

#1 대표적인 가상화폐인 비트코인의 가격이 춤을 추고 있다. 비트코인의 시세는 2021년 1월 3,641만 원에서 3월 7,151만 원으로 급등했고, 6월에는 다시 3,778만 원으로 주저앉았다. 그리고 테슬라가 비트코인으로 전기차 구입을 할 수 있게 하자 가격이 폭등하기 시작했다. 최근에 일론 머스크의 말에 따라 비트코인의 가격이 오르락내리락하면서 이에 대한 부정적인 견해가 늘고 있다. 러스 메들린Russ Madlin은 비트코인 채굴을 다단계 사업처럼 운영하는 회사의 대표로, 비트코인을 팔아 억만장자가 됐다. 그는 전용기를 타고 전 세계 암호화폐 행사장을 누비며 비트코인 투자를 권유하는 모습으로 사람들의 투자 심리를 자극했다. 펀드매니저 비서가 비트코인 투자로

펀드매니저보다 부자가 돼 사표를 던졌다는 소문부터, 비트코인 투자로 돈을 번 금융사 사원급 직원이 부장님들에게 재테크 훈수를 둔다는 우스갯소리까지, '코인 벼락부자' 설이 여기저기 나돈다. '파티가 끝날 때까지 춤을 멈출 수 없다'라는 말처럼, 비트코인 급등의 끝은 어디인지조차 가늠하기 힘들 정도이다.

#2 최근 뉴욕 크리스티 경매에서 그림 하나가 6,930만 달러약 780억 원에 낙찰됐다. 이는 디지털 아티스트 '비플Beeple'의 작품이다. 이 작품은 실제 그림이 아니라 JPEG 형식으로 저장된 디지털 파일이다. 780억 원짜리 작품명은 〈나날들: 첫 5,000일Everydays: the first 5,000 days〉이다. 이는 비플이 13년에 걸쳐 그린 디지털 그림 5,000개를 콜라주 형식으로 이어붙인 JPEG 파일인 것이다. 2021년 2월 100달러로 경매를 시작했는데 3월 13일 뉴욕 크리스티 경매에서 780억 원에 팔렸다. 이 작품은 NFT 작품 중에 최고가로 거래되었으며, 프리다 칼로, 살바도르 달리, 폴 고갱 등 유명 화가 작품의 경매 낙찰가보다도 비싸게 팔렸다. 비플은 현존하는 작가 중 제프 쿤스Jeff Koons와 데이비드 호크니David Hockney에 이어 3번째로 비싼 작가가 됐다.

#3 최근 아파트 등 부동산 가격의 폭등에 자극받은 MZ세대는 비트코인 등 가상화폐에 투자하였다. 그러나 가상화폐의 급등락 사태에 이들은 또다시 '멘탈이 붕괴'되었다. MZ세대는 영혼을 끌어모으는 투자를 감행하고 있는데, 이 투자처는 주식 시장이다. 그들의 주요 투자 대상은 삼성전자, LG화학 등이다. 향후 10년 동안은 디지털 분야가 견인차 역할을 수행하며 주식 시장을 뜨겁게 달굴 것이다. MZ세대가 진정한 가치 투자를 원한다면, 디지털 기술을 이해하고 디지털 시대를 뒷받침하는 스타트업에 투자하는 것이 바람직하다고 본다.

기존에 디지털 기술을 대표하던 AICBM은 인공지능^{AI}, 사물인터넷^{IoT}, 클라우드^{Cloud}, 빅데이터$^{Big\ data}$, 5G^{Mobile}이다. 그러나 2021년에 들어와 이러한 기술은 이미 보편화되고, 새로운 응용 분야가 등장하기에 이르렀다.

NFT는 블록체인 기반의 대체 불가능한 토큰으로 희소성을 갖는 디지털 자산을 의미한다. 이는 미술품, 사진, 음악 등에 적용되는 새로운 경제모델이다. 중앙은행 디지털 화폐 CBDC는 블록체인을 활용해서 중앙은행이 발행하는 법정통화를 의미하며 비트코인 등의 가상화폐와 경쟁할 것이다. 디지털 치료제는 앱 및 게임 등을 통해 당뇨, 수면장애, 우울증, ADHD, 심혈관 질환, 중독, 뇌졸중, 치매, 천식 등의 질병을 치료한다.

5G는 커넥티드 카connected car, 스마트 팩토리, 실감미디어, 재난관리, 관광, 공공안전, 유통 및 물류 산업을 선도한다. 빅데이터는 고객 확보 및 유지 개선, 사기 방지 및 사이버 보안 개선, 예측 및 가격 최적화, 개인화 및 권장 사항 개선, '어둠의 데이터' 내용 분석 및 AI 지원, 예방적 유지 및 지원, 잠재적 위험의 식별을 지원한다. 슈퍼앱super app은 다양한 서비스를 지원하는 앱으로, 하나의 앱만 있으면 추가로 다른 앱을 설치하지 않아도 쇼핑, 송금, 투자, 예매 등의 여러 가지 서비스 이용이 가능하다. 가트너는 2021년 기술 트렌드로 행동 인터넷, 총체적 경험, 개인정보보호 강화 컴퓨팅, 분산형 클라우드, 어디서나 운영, 사이버 보안 메시, 지능형 결합 가능 비즈니스, AI 엔지니어링, 초자동화를 제시했다.

비트코인을 위협하는 새로운 디지털 화폐

중앙은행 디지털 화폐CBDC는 중앙은행이 전자적 형태로 발행하는 법화法貨를 의미한다. 국제결제은행BIS 산하 '지급결제 · 시장인프라위원회CPMI'는 CBDC를 '전통적인 지급준비금이나 결제 계좌의 예치금과는 다른 전자적 형태의 중앙은행 화폐'로 정의한다. 발행 주체는 중앙은행으로 전자적 형태를 갖되, 법적 형태는 단일·분산 원장 방식 기술로 구현된다. 이용 주체는 모두가 이용 가능한 소액 결제용^{또는 일반 이용형}과 은행 등 금융기관들의 자금 결제용으로만 쓰이는 거액 결제용^{또는 거액 거래형}으로 구분된다. 현재 주로 논의 중인 CBDC는 소액 결제용이다.

국제결제은행이 발표한 보고서에 따르면, BIS가 조사한 전 세계 66개 중앙은행 가운데 86%가 CBDC 도입을 검토하는 것으로 나타났다. 중국은 CBDC 상용화가 가시권에 들어왔다. 작년에 4개 도시 등에서 파일럿 테스트를 마치고, 이를 홍콩 등으로 넓혀나갈 계획이다. 한국은행은 2021년 2월 '중앙은행 디지털 화폐 관련 법적 이슈 및 법령 제·개정에 대한 연구 용역' 보고서를 내부 검토한 후 최초로 공개했다. 아날로그 화폐가 디지털 화폐로 전환되면서, 금융시스템^{은행, 보험, 증권} 또한 탈중앙화될 전망이다. 그러나 탈중앙화를 염려하는 중앙은행은 이에 대한 방어를 늦추지 않을 것이다.

우리의 관심사는 'CBDC가 비트코인을 디지털 휴지 조각으로 만들 것인가?'이다. 비트코인은 민간에서 만들었기 때문에 정부의 화폐 주권에 위협이 된다. 따라서 상당수 국가 정부와 중앙은행이 비트코인에 비판적이다. "CBDC가 나오면 비트코인 같은 가상화폐가 '디지털 수집품'으로 전락할 것"이라는 의견과 "CBDC와 민간의 가상화폐는 특성과 용도가 다르다. 두 화폐가 공존하게 될 것"이라는 의견이 대립하고 있다. 경제학자들은 "CBDC가 등장하면 비트코인은 설 자리를 잃는다."라고 경고하면서 "비트코인은 오로지 투기 목적을 위한 자산"이라고 말한다. 중국은 네이멍구内蒙古 자치구의 가상화폐 채굴장을 2021년 4월 말까지 전면 폐쇄하겠다고 발표했다. 이는 중국이 디지털 위안화를 기축통화로 격상시키기 위한 노력의 일환으로 보인다.

비트코인의 문제점은 가치가 널뛴다는 것이다. 이는 공급이 크게 늘지 않는 상황에서 투기에 의해 수요가 급등락하기 때문이다. 불과 하루 사이에 10~20% 넘게 가치가 급등락하는 날이 수두룩하고, 그 이유도 불분명하다. 비트코인에 돈이 몰리고, 범죄 자금이 유통되며, 돈세탁 우려와 채굴에 따른 환경 비용 등 여러 요소를 감안할 때 규제는 지금보다 더 강화될 것이다. 현재 비트코인의 20% 정도가 비밀번호를 분실하여 사장되었으나, CBDC는 안심하고 은행에 보관할 수 있다는 장점도 있다. 그러나 CBDC의 문제점도 제기된다. 갑자기 전원이 나가거나 통신이 두절되는 경우 오프라인에서도 CBDC를 사용해야 하는데, 이런 상황에서 진본 여부를 확인할 수 있는 기술이 아직 없다고 한다.

희소성 있는 디지털 자산, '대체 불가능한 토큰'

NFT는 '대체 불가능한 토큰Non-Fungible Token'으로, 블록체인의 토큰을 다른 토큰으로 대체하는 것이 불가능하다는 의미이다. 따라서 NFT는 희소성을 갖는 디지털 자산을 대표한다. NFT는 블록체인 기술을 바탕으로, 기존의 가상자산과 달리 디지털 자산에 별도의 고유한 인식 값을 부여하여 상호교환이 불가능하다. 이러한 원리에 따라 자산 소유권을 명확히 함으로써 게임·예술품·부동산 등의 자산을 보호할 수 있다. 블록체인을 기반으로 하는 NFT는 소유권과 판매 이력 등의 정보가 블록체인에 저장되며, 최초 발행자를 언제든 확인할 수 있어 위·변조가 불가능하다.

NFT는 2017년 대퍼 랩스^{Dapper Labs}가 개발한 '크립토키티^{CryptoKitties}'가 시초이다. 이는 사용자가 NFT 속성의 고양이를 교배해 자신만의 희귀한 고양이를 만드는 게임이다. 특히 2017년 말 이 게임의 디지털 고양이가 11만 달러^{약 1억 2,000만 원}에 거래된 바 있다.

2020년 논펀지블닷컴^{Nonfungible.com}이 발표한 NFT 시장 분석 보고서를 살펴보면, 2019년 NFT 시장 총 거래액은 약 6,200만 달러, 2020년에는 2억 5,000만 달러로 전망했다. 보고서에 따르면 NFT 구매·판매·보유 등 NFT를 거래하는 총 활성화 지갑 수가 2019년 11만 2,731개에서 2020년 22만 2,179개로 증가했다고 한다. 특히 보고서에 따르면 나이키, 루이비통, 브라이틀링 등 명품 브랜드가 NFT 상품을 제작하거나 NBA, MLB, F1, 유럽 축구 리그 등 스포츠 분야에서 IP를 활용한 NFT 카드 등을 발행하면서 NFT 시장이 점차 성장한다고 했다. 논펀지블닷컴의 댄 캘리^{Dan Kelly} CEO

는 "NFT는 더 이상 투기적인 자산이 아니며 유용성과 가치가 생기면서 성숙해지는 단계"라고 말하며, "아직 NFT 시장은 초기 산업이지만 미래에 새로운 경제모델을 창조하게 될 것"이라고 전했다.

최근 NFT 미술품의 거래가 활성화되고 있는 가운데, 테슬라 CEO 일론 머스크의 아내이자 가수인 그라임스Grimes는 NFT 기술이 적용된 〈워 님프 War Nymph〉라는 디지털 그림 컬렉션 10점을 온라인 경매에 내놓아 580만 달러65억 원에 낙찰되면서 큰 화제를 모았다. 국내에서는 NFT 미술품 경매에서 마리킴Mari Kim의 NFT 작품 〈Missing and found2021〉가 한국의 한 컬렉터에게 288이더리움약 6억 원에 낙찰되어 주목을 받은 바 있다.

제3의 신약, 디지털 치료제

디지털 치료제DTX, digital therapeutics는 약물은 아니지만 의약품처럼 질병을 치료하고 건강을 향상시킬 수 있는 소프트웨어를 말한다. 일반적으로 애플리케이션, 게임, 가상현실 등이 디지털 치료제로 활용된다. 치료제는 1세대의 저분자 화합물알약이나 캡슐, 2세대의 생물제제항체, 단백질, 세포, 3세대의 디지털 치료제로 구분된다. 디지털 치료제 역시 임상시험 단계를 거쳐 미국식품의약국FDA 심사를 통과해야 한다.

디지털 치료제는 개발 기간·비용이 기존의 신약에 비해 크게 절감된다. 그리고 의약품처럼 독성이나 부작용도 없다. 치료제 복제 비용이 제로에 가깝기 때문에 시장 전망 역시 유리하다. 디지털 치료제의 대상이 되는 질병은 당뇨, 수면장애, 우울증, ADHD, 심혈관 질환, 중독, 뇌졸중, 치매, 천식 등으로 다양하다. 리서치 기관인 그랜드 뷰 리서치^{Grand View Research}는 디지털 치료제 시장이 연평균 20% 성장하고, 2025년 87억 달러^{약 10조 원} 규모에 이를 것으로 전망한다.

디지털 치료제로 최초 등장한 제품은 페어 테라퓨틱스^{Pear Therapeutics}의 약물중독 치료제인 '리셋^{reSET}'이다. 이는 2017년 FDA 허가를 받았으며, 임상시험에서 상담 치료와 병행한 결과 치료 효과가 22.7% 향상된 것으로 나타났다. 환자는 약물 사용이나 유발 인자 등을 실시간 입력하고 인지행동치료에 기반을 둔 온라인 서비스를 받는다. 디지털 치료제는 제품 사용 경험과 피드백을 토대로 프로그램 코드의 수정이 꾸준히 필요하다.

리셋은 알코올, 코카인, 대마 등의 중독 및 의존성 치료용으로 의사의 처방을 통해 사용하는 애플리케이션이다. 이는 기존 치료와 함께 사용하는 프로그램으로 12주간 적용된다. 리셋의 목적은 물질에 대한 중독을 완화하고, 기존 치료 프로그램의 순응도^{retention}을 높여주는 것이다. 리셋은 정신 치료 방법인 '인지행동치료^{CBT, cognitive behavioral therapy}' 제공 앱이다. 이는 자신이 약물을 사용하는 상황과 요인을 파악하고, 충동에 대한 대처법

페어 테라퓨틱스의 reSET

자료: 페어 테라퓨틱스

이나, 사고방식의 변화 방법 등을 훈련하고, 자신의 상태나 약물의 사용에 대해 기록한다. 또한 이러한 인지행동치료를 텍스트, 비디오, 애니메이션, 그래픽 등의 콘텐츠를 통해 제공한다.

디지털 치료제는 당뇨병 예방에도 활용된다. 대표적인 앱으로 오마다 헬스Omada Health와 한국어 버전으로도 제공되는 눔Noom이 있다. 이들은 식단 관리, 생활 습관 관리, 원격 코칭 등을 통해서 체중 감량을 하게끔 한다. 눔은 따라 하기만 해도 새로운 습관을 다질 수 있는 건강관리 프로그램을 제공한다. 한국 음식에 특화된 빠르고 간편한 검색 기술로 식습관을 분석할 수 있고, 식단을 건강하게 관리할 수 있다. 건강하고 행복한 삶을 위한 올바른 습관 형성을 돕는 건강관리 코치 제공은 물론, 커뮤니티를 통해

그룹 멤버들과 서로 응원하며 동기부여를 할 수도 있다. 현재까지의 체중 변화와 목표 체중까지 남은 시간을 한눈에 확인할 수 있어 편리하기도 하다.

　과거에 정신과 치료를 받은 사람들이 말하기를 의사가 치료의 일환으로 PC 게임을 하라고 권유했다는 이야기가 종종 들렸다. 알킬리 인터렉티브Akili Interactive의 'EVO'라는 태블릿 PC 게임이 있다. 이는 아동의 ADHD주의력결핍과잉행동장애의 치료를 위한 것이다. 2013년 캘리포니아 주립대학 샌프란시스코UCSF 연구자들은 '비디오 게임을 통해서 인지능력을 개선할 수 있다'는 주제의 논문을 발표했다. 이 연구는 '뉴로레이서Neuroracer'라는 자동차 게임을 통해 60세 이상 고령층의 인지능력, 특히 멀티태스킹multitasking 능력을 개선할 수 있다는 것을 증명했다. 이 연구를 기반으로 한 것이 EVO 게임이다. EVO 게임은 임상시험에서 ADHD 소아 환자 20명에게 4주간 게임을 하게 한 결과 7명은 완치가 되었고 이후 9개월 동안 상태가 유지되었다. EVO 게임은 현재 FDA 승인을 기다리고 있으며, 이 게임의 처방에 대한 의료보험 적용을 목표로 하고 있다.

　국내 메디컬 인공지능 전문 업체인 웨이센Weycen은 디지털 치료제 관련 '뇌질환 극복 연구 개발 사업 과제'를 수행한다. 이는 핵심 뇌질환 중 하나인 정서장애, 특히 그중에서도 불안장애 진단 개선을 위한 것이다. 웨이센은 이를 위해 불안장애와 연관된 다중오믹스multiomics, 뇌 영상, 디지털 표현형 등 '확장 표현형extended phenotype' 빅데이터 분석을 통해 인공지능 기반의 불안 진단 및 치료 예측 모델을 개발한다. 또한 인공지능을 이용한 환자 데이터 관리 분석 플랫폼 '헬스 에이드Health Aid'를 기반으로 IoT 센서와 연동을 통해 불안장애에 영향을 줄 수 있는 환경 정보 및 환자의 다양한 디지털 행동 패턴 데이터를 수집해 디지털 치료 방식을 구축할 예정이다.

하나의 '앱'으로 모든 서비스를 제공하는 '슈퍼앱'

우리는 스마트폰에 수십 개의 앱을 설치하여 사용하는데, 이는 상당히 불편할 때가 있다. 이러한 문제점을 해결해주는 것이 바로 슈퍼앱이다. 슈퍼앱은 다양한 서비스를 지원하는 앱으로, 하나의 앱만 있으면 추가로 다른 앱을 설치하지 않아도 쇼핑, 송금, 투자, 예매 등의 여러 가지 서비스를 이용할 수 있다.

'동남아시아의 우버'로 불리는 차량 공유 서비스 그랩Grab은 '슈퍼앱'의 선두 주자이다. 그랩은 차량 공유뿐 아니라 금융, 음식 배달, 택배까지 다양한 서비스를 제공하는 슈퍼앱 전략을 통해서 아시아 최대 온·오프라인 연계O2O 기업을 꿈꾼다. 말레이시아 출신의 기업가 앤서니 탄Anthony Tan이 세운 스타트업 그랩은 2012년 쿠알라룸푸르 교외의 한 창고에서 시작되었다. 지금은 8개국 235개 도시에서 서비스하고 있다. 그랩은 지금까지

그랩의 서비스 영역

· 차량&택시
· 오토바이
· 셔틀버스
· 삼륜차
· 전동킥보드

· 음식배달
· 택배/퀵서비스
· 그랩마트

· 그랩페이
· 리워드
· 대출과 보험

· 채팅
· 비디오
· 티켓 예매
· 여행, 호텔예약
· 쇼핑

자료: 전북대학교 동남아연구소

약 1억 4,000회 다운로드 되었고, 710만 명의 드라이버를 확보했으며, 매일 600만 건 이상의 차량 호출 주문을 처리한다.

그랩은 사용자들이 매일 사용하는 '생활 필수 슈퍼앱'이 되어 사용자와 접점을 갖는 모든 영역에서 서비스를 제공한다. 음식 배달, 전자결제, 금융, 헬스케어, 티켓 판매, 호텔 예약 등의 영역까지 모두 포함한다. 동남아시아 6억 5,000 여 명의 인구는 이제 막 서구권이나 중국에서 제공되던 서비스들을 마주하기 시작했다. 그랩은 그들이 필요로 하는 모든 상품과 서비스를 제공하는 창구가 되려고 하는 것이다. 그랩은 소프트뱅크, 토요타, 디디추싱滴滴出行, 마이크로소프트 등으로부터 10조 원에 달하는 누적 투자금을 유치했고 최근 기업가치는 약 16조 원이다. 동남아시아에서 기업가치가 가장 높은 스타트업이 바로 그랩인 것이다.

세계가 주목하는 그랩의 또 다른 모습은 코로나19의 지원책이다. 그랩은 모든 차에 소독제를 비치하고, 운전자의 마스크 착용을 의무화하며, 이용자 하차 후 환기를 하도록 하는 지침을 마련했다. 지침이 들어간 권고사항을 차량에 부착하기도 했다. 또한 보험 파트너사인 첩Chubb 보험사와 함께 무료 운전자 보험 '그랩 케어'를 제공한다. 이를 통해 자가 격리를 하거나 코로나19 치료를 받는 운전자들의 수입 손실을 보상해 주고, 의료비 보조금을 지급한다. 렌트 보상금과 긴급 지원금, 대출 상환 유예와 같은 지원도 제공한다.

정부의 협조 아래 라이드-헤일링ride-hailing 차량 운전자들이 음식 배달이나 온라인 쇼핑 배송, 퀵배송 등의 배달 업무를 병행해 소득을 올릴 수 있도록 하기도 했다. 코로나19 방역에 기여하는 의료 보건 분야 종사자들이 출퇴근할 때 그랩카를 이용하면 요금을 20% 할인해주고, 이들에게 식사 배달 등을 지원하기도 한다. 재래시장 상인들에게는 온라인 판매도 지원한다. 이 모든 활동의 면면을 살펴보면, 그랩의 운영 모델은 사회공헌 측면이 강조되었다는 사실을 알 수 있다.

최근에는 마크 주커버그가 페이스북을 그랩과 같은 방향으로 발전시킬 것이라 밝혔다. 다양한 영역의 서비스를 통해 매출과 데이터를 확보할 수 있는 슈퍼앱 모델은 규모의 경제를 확보하는 데 한층 유리하다고 알려졌다. 그러나 막대한 자본과 인력을 보유한 기업이 이용자 다수를 확보하고 있는 시장에서 다른 분야로 사업을 확장하는 것이 용이해, 반독점 구조를 심화시키고 기존 산업의 생존권을 침해할 수 있다는 문제가 제기된다.

6G가 여는 초연결 시대의 문

2021년 3월 애플이 5G를 지원하는 아이폰 12 시리즈를 발표했다. 한국, 미국 등의 국가가 5G를 상용화한 이후 1년 반이 지난 시점이었다. 이는 본격적인 5G 상용화 시대의 돌입을 의미한다. 최근 국내에서는 5G 서비스에 대한 불만이 높다. 통신 속도도 느리고, 경우에 따라선 음영지역까지 있기 때문이다. 심지어는 국정 감사장에서도 '5G 서비스 속도가 기대보다 느리다'라는 지적이 일고 있다. 지나친 5G 홍보로 인해 우리는 5G가 LTE보다 속도가 20배 빠르다는 것을 기억한다. 광고에서는 분명 몇 초 만에 2시간짜리 영화를 다운로드할 수 있다고 했는데, 현실은 어떨까?

5G는 3.5GHz와 28GHz의 주파수 대역이 있다. 우리나라는 3.5GHz 대역의 주파수를 사용하고 있다. 이는 LTE의 800MHz~2.5GHz에 비해 크게 속도 차이를 느낄 수 없다. 만약에 28GHz 대역의 주파수를 사용한다면 당연히 20배의 속도 차이를 인지할 수 있을 것이다. 그러나 28GHz 주파수 도입에는 어려움이 있다. 이 대역에서는 전파방해가 빈번하게 일어난다. 현재의 3.5GHz 대역에서도 속도를 증가시키려면 기지국을 보다 확충해야 하는 실정이다.

미국은 60개 도시에서 5G 서비스를 하고 있다. 주로 인구 밀집 지역을 위주로 한다. 5G 서비스를 통해서 미국인들은 메타버스 등을 접속한다. 또한 28GHz 전용 스마트폰도 1,000만 대 이상 판매되었다. 일본의 통신사 NTT도코모 역시 5G 서비스를 하고 있다. 이들은 스포츠 경기장, 올림픽 시설, 교통시설, 관광 및 상업시설에 5G 기지국을 집중적으로 배치했다. 중요한 것은 5G 통신을 위한 서비스 개발이다. 5G 서비스 개발을 통해서 스마트폰에서 VR · AR을 활용하거나, 자율주행차, 산업용 로봇, 스마트 팩토리, 홀로그램을 활용한 화상회의 등 다양한 서비스가 활성화될 것이 기대된다. 한편 프라이빗 5G 네트워크5G 전용망는 기업 또는 공장 내부에 설치해서 효용성을 높이게 된다.

5G 솔루션은 높은 신뢰성을 요구한다. 공작기계, 제조 라인, 자율주행 차량, 원격의료 등에서는 제대로 작동하지 않으면 커다란 위험을 초래하기 때문이다. 따라서 최근에는 5G 전문 기술을 안정화하기 위해 통신망 사업자, 기업, 학계, 연구소, 소프트웨어 업체 등이 참여하여 통제된 환경에서 시험 운영을 하고 이를 확산하여 5G 생태계를 만드는 것을 목표로 하는 '버라이즌 혁신 허브'가 등장하고 있다. 여기서는 아이디어와 지식 공유 등을 통해 새로운 제품과 솔루션을 창출한다. 이들은 새로운 비즈니스 모델을 개발하는 것이 아니라, 기존 비즈니스 모델에 5G를 적용하는 것을 목표로 한다.

KT경제경영연구소에서 발간한 5G 가이드북 〈세상 모든 새로움의 시작, 5G 당신의 산업을 바꿉니다〉에 따르면 5G의 특징으로 초고속 · 대용량, 초저지연 · 고신뢰, 유연성, 보안성, 초연결성, 위치 정확성을 들고 있

5G 네트워크 및 서비스 특성 구분

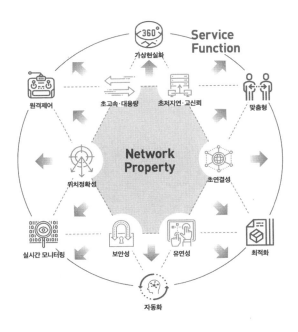

자료: KT경제경영연구소

다. 또한 5G 적용 기능은 가상현실화, 실시간 모니터링, 원격제어, 자동화, 최적화, 맞춤형을 들고 있다. 이 보고서는 커넥티드 카, 스마트 팩토리, 실감미디어, 재난관리, 관광, 공공안전, 유통 및 물류에 관한 5G 적용 사례를 보여주고 있다.

● 커넥티드 카 – 차량 사물 통신V2X, 협력 편대 자율주행, 자율주행 셔틀버스, 자율주행 발레파킹, 응급 상황 시 자율주행 원격 지원, 첨

단 운전자 지원 시스템, 증강현실 · 음성인식 등 HVI 고도화, 실시간 고품질 엔터테인먼트, MaaS^{Mobility as a Service}

- 스마트 팩토리 – 5G 전용망^{Private 5G}, 지능형 영상 관제, 기기 설비 예지 보전, 생산 품질 관리, 협동 로봇, 원격제어와 자동화, 가상훈련, 전문가 원격 지원, 자율주행 무인운반차

- 실감미디어 – Edge CDN, 개인형 실감미디어, 아바타 커뮤니케이션, 라이브 중계, VR 테마파크, MR 체험형 스포츠

- 재난관리 – 소방대원 통신망 음영 제거, 비행체를 활용한 긴급 통신망 구축, Service Usage, 조난자 위치 파악, 실시간 대피 경로 제공, 구조대원의 웨어러블 기기 활용, 로봇을 통한 구호 활동, 원격응급진료

- 관광 – 지능형 객실 서비스, 어메니티 로봇^{호텔에서 짐 배달, 객실 물품 보충 등 단순 접객 서비스부터 고객의 요청 대응 사항을 응대하는 업무 수행}, 스마트 관광, 실감형 스포츠 경기장, 스마트 골프

- 공공안전 – 실시간 시설물 관제, 해양 · 하천 실시간 감시, 공원 · 녹지 안전 관리, 스쿨존 안전 관리, 360도 영상 보안

- 유통 및 물류 – 화물차 자율 군집 주행, 물류 관리 체계 고도화, 드론 운송 시스템, 스마트 매장, VR · AR 쇼핑

5G 통신에서 중국에 비해 열세를 보이던 미국은 6G 통신을 선점하기

6G의 핵심 서비스 및 사회와 삶의 변화

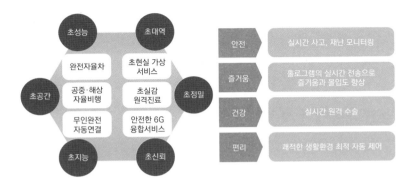

자료: 〈KB 지식 비타민〉 '6G ‑ 초연결 시대를 여는 차세대 이동통신'

위해 '올인'을 하는 모습이다. 6G 이동통신은 5G의 성능을 뛰어넘는 미래 핵심 통신 기술이다. 이는 5G 통신에 비해 50배 빠른 전송속도, 10배 빠른 반응속도, 10배 많은 기기를 연결할 수 있다. 6G 통신은 사회와 산업 영역에서 융합 서비스를 안정적으로 적용할 수 있다. 6G는 2021년부터 기술 표준화를 시작해서, 2028년부터 상용화될 예정이며, 5,000억 개 이상의 사물들이 네트워크에 연결될 것으로 예상된다. 6G 통신이 상용화되면 산업과 사회의 모든 분야가 네트워크에 연결되어 산업 간의 장벽이 사라지고 개인 삶의 모든 분야에서 편의성이 증대된다. 6G 시대에는 초실감 확장현실XR, 3D 홀로그램, 디지털 복제를 현실화시키게 된다.

로봇 3원칙을 제시한 아이작 아시모프Isaac Asimov의 SF 소설 속에는 인류가 우주 식민지에 거주하는 모습이 나온다. 바이러스 때문에 모든 접촉이 불가한 상황에서 사람들은 홀로그램 통신을 통해 서로 대면한다. 6G는 이러한 사회를 가능하게 할지도 모른다.

다양한 분야에서 사용되는 빅데이터 8가지

최근 들어 매스컴에서 빅데이터에 대한 기사가 줄어들고 있다. 이는 빅데이터의 붐이 사라진 것이 아니고, 빅데이터의 트렌드가 성장기에서 성숙기로 접어들고 있다는 방증이다. 다시 말해서 빅데이터는 산업 및 공공의 전반적인 분야에 확산되고 있는 추세이다. 인공지능 분석 및 자문 회사인 커그니리티카Cognilytica의 수석 분석가 로날드 슈멜처Ronald Schmelzer가 제시한 8가지 빅데이터 활용 사례를 살펴보자.

① 고객 및 비즈니스 인텔리전스BI에 대한 360도 보기: 최근 들어 디지털 확산에 의해 웹사이트 및 모바일 앱의 클릭과 보기, 실제 및 가상 시스템에서 확보한 데이터까지 디지털 흔적은 계속 증가한다. 이는 다양한 내부 및 외부 원천 데이터와 결합하여 고객 서비스 향상, 판매 향상, 마케팅 최적화, 제품·오퍼링offering 향상, 운영에 대한 인텔리전스intelligence 향상 등을 가져온다. 또한 정부와 정치권 역

시 빅데이터 분석을 활용한다. 정치단체와 행동단체들이 여론의 평가, 효과적인 메시지 작성, 재정적 지원을 위한 지지층 공략을 위해 빅데이터를 활용한다. 선거운동에서 빅데이터는 투표보다 앞서가는 경향을 발견하고, 기부자 자원을 모으고, 사람들을 투표소로 보내는 데 활용된다.

② 고객 확보 및 유지 개선: 빅데이터 분석을 통해 기업은 고객이 무엇에 관심이 있는지, 제품 및 서비스가 어떻게 사용되고 있는지, 고객이 제품 구입이나 사용을 중단하는 이유가 무엇인지 등의 고객 행동 패턴을 파악한다. 이를 통해 제품 개선, 더 나은 변환 생성, 브랜드 로열티 개선, 더 이른 추세 파악 및 전반적인 고객 만족도를 개선할 방안을 모색한다. 아마존은 고객들이 상품을 찾는 방식부터 쇼핑 카트에 올라오는 제품, 다양한 버튼을 클릭하는 방식까지 모든 것을 측정한다.

③ 사기 방지 및 사이버 보안 개선: 빅데이터 분석은 부정행위 및 남용의 패턴을 파악하고, 시스템 동작의 이상을 탐지하고, 불량 행위자를 차단하며, 사이버 보안 위협에 대해 회사에 경고한다. 아메리칸 익스프레스, 비자, 체이스은행 등은 실시간 빅데이터 처리를 통해 시시각각 수십억 건의 트랜잭션transaction을 처리하여 잠재적인 문제를 파악하고 이에 따른 위협을 완화한다.

④ 예측 및 가격 최적화: 빅데이터는 조직에게 패턴과 추세를 조기에

발견할 수 있는 능력을 제공한다. 소매업체들은 고객 행동의 추세를 파악하고, 다양한 요소를 분석하여 최적의 가격을 결정하며, 재고, 배송 및 물류 최적화를 위해 공급망의 변동성을 가능한 한 조기에 더 잘 관리하기 위해 빅데이터 기반의 의사결정을 한다. 유통업체들은 고객의 쇼핑 행태 모니터링, 주차장 공실률 조사, 매장 내외 교통량 측정, 어떤 제품의 선택과 스캔이 이뤄지는지 추적 및 각종 제품 반품률 모니터링 등을 수행한다. 월마트는 가격, 재고, 공급망 관리를 위해 POS 시스템에서 실시간 데이터를 수집한다. 이를 통해 거의 적시에 재고를 구입하여 재고 부족 또는 재고 과잉의 수준을 관리하는 동시에 가격 책정 및 광고 홍보와 제품 선택 및 오퍼링을 최적화할 수 있다. 의료기관은 '환자 치료 개선' '의료 제공 비용 절감' '환자 치료 운영 절차 개선' '심각해지기 전에 잠재적 건강 동향 파악' '새로운 유행병 및 약물 상호작용과 같은 문제를 예측할 수 있는 패턴을 식별하기 위한 데이터 분석'을 강조한다. 보험업계는 보험금 청구 처리를 촉진하고, 주요 재해 시나리오에서도 보험 요구를 더 잘 처리하며, 보험에 대한 가시성을 고려하여 매우 경쟁력 있는 가격을 제공할 수 있다.

⑤ 개인화 및 권장 사항 개선: 추천 시스템을 통한 개인화 및 서비스 오퍼링의 개인화 개선이다. 넷플릭스, 아마존, 유튜브, 훌루닷컴Hulu, 디

즈니플러스Disney+ 등과 같은 스트리밍 업체는 방대한 고객 행동 데이터베이스를 통해서 검색, 등급 및 제안을 최적화한다. 또한 고객의 관심을 가장 잘 예측할 수 있는 알고리즘을 개발하기 위해 보기, 리뷰, 클릭, 검색, 시간 및 날짜 선호 및 기타 측면 등 모든 종류의 정보를 활용한다. 광고는 클릭, 다운로드 및 변환을 최적화하기 위해 매우 구체적인 사용자 행동 지표에 따라 개발, 홍보, 공유 및 표시된다.

⑥ '어둠의 데이터' 내용 분석 및 AI 지원: 기업 데이터의 대부분은 텍스트, 비디오, 이미지, 오디오 및 기타 형식과 같은 비정형 정보이다. 이러한 정보는 가공을 통해 '고객 정서의 이해' '상이한 데이터 소스에서 반복되는 패턴 발견' '허용되지 않는 항목에 대한 사용자 제출 콘텐츠 조정' '콘텐츠와 광고의 일치' '오디오 및 비디오의 스크립트 제공'과 같은 중요한 역할을 한다. AI는 빅데이터의 자연어 처리를 가능하게 함으로써, 저장된 정보의 90% 이상을 아무런 작업을 하지 않고도 활용할 수 있게 되었다. 따라서, 구글, 페이스북, 트위터, 아마존, 바이두와 같은 대형 인터넷 회사들은 구조화되지 않은 방대한 양의 데이터를 활용하게 되었다.

⑦ 예방적 유지 및 지원: 빅데이터 분석은 조직과 시스템이 정상적으로 작동하는지를 확인할 수 있다. 시스템은 로그, 센서·IoT 데이터 및 기타 데이터를 생성하며, 이는 실패 가능성을 조기에 나타낼 수

있다. 이러한 정보는 운영 중단, 다운타임, 자연재해 또는 기타 운영 중단에 대한 영향을 줄여준다. 특히 에너지 및 운송 산업은 무중단 가동이 중요한 분야이다.

⑧ 잠재적 위험의 식별 및 완화: 빅데이터 기반 리스크 모델은 고객 및 시장 리스크와 정부 셧다운, 자연재해에 이르기까지 다양한 산업에서 효용성을 가져온다. 공급망 관리 및 물류 회사는 빅데이터를 사용하여 잠재적 위험을 파악하고 완화하는 것이 필수적이다. 이 기업들은 공급 부족을 초래할 수 있는 폐쇄에서부터 자연재해나 대유행으로 인한 수요 변화 등에 대응하기 위해 빅데이터를 활용하였다. 또한 물리적 보안 및 사이버 보안 기업 모두 빅데이터를 활용하여 위협 및 리스크 평가를 수행한다.

가트너의 기술 전략 트렌드 9가지

리서치 기관 가트너는 '기술 전략 트렌드 2021' 연례 전망을 발표했다. 보고서에서 기업들이 회복 탄력성을 확보하고 와해적인 수준의 변화를 수용하는 것이 '뉴노멀'이라는 점을 강조했다. 기업들이 코로나19를 극복하는 과정에서 IT 기업은 인간과 기술 사이의 원활한 상호작용을 구현하는 과제를 지속해서 직면하게 될 것이라고 했다. 이 보고서는 다음과 같은 관점을 제시한다.

- 사람 중심People Centricity – 팬데믹이 사람이 일하는 방식 및 조직 상호작용을 변화시킴
- 위치 독립성Location Independence – 코로나19가 조직 생태계에서 물리적 공간을 사라지게 함
- 회복 탄력성Resilieny Delivery – 팬데믹에 대응하고 적응하여야 함

행동 인터넷IoB, Internet of Behavior은 사용자의 행동에 영향을 미치기 위해 데이터를 수집하고 활용하는 것이다. 예를 들어 코로나19 예방을 위해 정기적으로 손을 씻고 있는지 확인하는 센서, 마스크 착용을 준수하는지 확인하고 열화상 카메라로 발열이 있는 직원을 식별하는 등 일상생활에서 '디지털 흔적digital dust'을 수집하여 이를 공적·상업적 목적으로 사용하는 것을 행동 인터넷의 사례로 볼 수 있다. 행동 인터넷의 적용은 윤리적·사회적 영향에 대한 논의가 필요하다.

총체적 경험TX, Total eXperience strategy은 비즈니스 결과를 혁신하는 다중 경험MX, 고객 경험CX, 직원 경험EX, 사용자 경험UX 등의 결합이다. 총체적 경험을 통해 기술·직원·고객·사용자 등 모든 요소의 전반적인 경험

을 개선하여 경쟁자와 차별화하고 지속 가능한 경쟁 우위를 확보할 수 있다. 코로나19로 인해 디지털 경험이 대폭 변화하고, 상호작용의 원격화·가상화·분산화 현상의 가속화에 의해 조직의 TX 전략이 필요하다.

개인정보보호 강화 컴퓨팅Privacy-enhancing computing은 데이터 활용이 넓어지면서 개인정보보호에 대한 요구가 증대되고 있다. ① 중요한 데이터를 처리하거나 분석할 수 있도록 신뢰할 수 있는 환경을 만드는 기술 ② 머신러닝을 통해 분산된 방식으로 데이터 처리와 분석을 수행하는 기술 ③ 데이터 및 알고리즘을 처리하거나 분석하기 전에 암호화하는 기술과 같이 데이터를 보호하기 위한 3가지 기술을 담은 '개인정보보호 강화 컴퓨팅'이 필요하다.

분산형 클라우드Distributed cloud는 몇 년 전부터 가트너의 기술 트렌드 목록에 올라와 있다. 이는 퍼블릭 클라우드 서비스를 서로 다른 물리적 위치에 두고, 사용자와 가까운 곳에서 클라우드 컴퓨팅을 제공하여 속도 문제와 개인정보보호 등의 규제 및 컴플라이언스 이슈를 해결하는 데 도움을 주는 기술이다. 분산형 클라우드는 프라이빗 클라우드를 대체할 수 있으며 클라우드 컴퓨팅의 미래를 상징할 것으로 전망된다.

어디서나 운영Anywhere operations은 원격으로 어디서나 비즈니스에 접근하고, 서비스를 제공할 수 있는 모델을 말한다. 팬데믹 상황 속에서 성공적으로 운영되기 위해서는 어디서나 운영 모델이 필수적이다. '디지털 우선, 원격 우선digital first, remote first'을 목표로 기술 인프라, 관리 관행, 보안 및 거버넌스 정책 그리고 직원·고객 참여 모델을 변경해야 한다. 2023년 말이 되면 기업의 40%는 고객 경험과 직원 경험을 가상·실제가 혼합된 형태로 제공하기 위해 이 개념을 적용하게 될 것으로 본다.

사이버 보안 메시Cyber security mesh는 원격교육, 원격근무 등으로 많은 자산이 기존 보안 시스템의 외부에 있기 때문에, 누구나 디지털 자산에 안전하게 접근할 수 있고, 사람과 자산이 어디에 위치하든 상관없도록 확장이 가능하고 유연하며 안정적인 사이버 보안 메시 방식이 필요하다. 사이버 보안 메시는 통제 범위 바깥에 있는 기기의 데이터와 클라우드에 위치한 애플리케이션에 안전하게 접근하고 사용할 수 있는 가장 실용적인 방식이 될 것이다.

지능형 결합 가능 비즈니스Intelligent composable business란 상황에 따라 빠른 적응과 근본적인 재정렬이 가능한 비즈니스를 의미하며, 이는 의사결정 방식을 근본적으로 재설계한다. 예측할 수 없는 외부 상황에 대응하기 위해 조직은 점차 빠르게 디지털 전환을 추진하게 될 것이고, 이를 위해 현재 사용 가능한 데이터를 기반으로 민첩하고 신속하게 비즈니스 결정을 내려야 한다. 지능형 복합 비즈니스를 위해서는 기술 플랫폼 발전과 개인화된 애플리케이션 경험 제공이 필요하다. 지능형 결합 가능 비즈니스는 재설계된 디지털 비즈니스 상황, 새로운 비즈니스 모델, 자율 운영, 새로운 제

가트너 2021년 9대 기술 전략 트렌드

자료: 가트너

품과 서비스 및 채널을 위한 기초를 마련하게 될 것이다.

AI 엔지니어링AI engineering은 AI가 생산 단계까지 가기 위해서 필요한 것이다. 현재 인공지능이 다양한 분야에 걸쳐 성숙하고 있지만, 대부분의 AI 프로젝트는 유지 보수성, 확장성, 거버넌스 문제로 인해 실패하기 때문에 시제품에서 생산 단계까지 가는 프로젝트의 비율은 53%에 불과하다. AI 엔지니어링은 머신러닝이나 지식 그래프 등 AI 및 결정 모델의 거버넌스와 라이프 사이클을 관리하는 데 초점을 맞추고 있으며, 강력한 AI 엔지니어링 전략은 AI 모델의 성능, 확장성, 해석 가능성, 안정성을 촉진하며 AI 투자의 전체 가치를 제공한다.

초자동화Hyper-Automation는 조직에서 자동화할 수 있는 모든 것이 자동화되는 것이다. 이는 AI, ML, 이벤트 기반 소프트웨어, RPA 등과 같은 도구를 사용해 최대한 많은 비즈니스 및 IT 프로세스를 자동화한다. 모든 것을 '디지털화'해야 하는 코로나19 상황에서 초자동화에 대한 수요가 증가되고 있으며, 효율성과 비즈니스 민첩성에 초점을 맞추지 않는 조직은 뒤처질 것이다.

Trend 10
한국정부의 2022년 목표는
소프트파워 강국

#1. 국내의 한 연구 기관은 상권 분석을 위한 빅데이터 사업에 3억 원의 예산을 편성했다. 이 프로젝트에 참여한 빅데이터 전문 용역업체는 사업 수행 과정에서 데이터 확보에 애를 먹었다. 이동통신사와 카드회사로부터 데이터를 확보하는 것이 용이하지 않았던 것이다. 원천 데이터를 보유한 회사들은 개인정보 유출 등의 이유로 난색을 표명했다. 연구 기관과 용역업체는 사업의 공익적인 목적을 설명하며 겨우 데이터를 제공받기로 약속받았다. 그러나 데이터 구입에 필요한 비용은 프로젝트 예산의 절반인 1억 5,000만 원가량이었다. 빅데이터는 민간뿐만 아니라 공공부문에서도 필요한 분야이다. 디지털화를 추진하기 위해서는 데이터 확보에 대한 정책이 선행되어야 한다.

#2 P사는 국내에서 빅데이터 분야에 상당한 역량을 갖춘 기업이다. 이 회사는 공공분야 빅데이터 표준 모델을 다수 개발한 실적이 있다. 그러나 이러한 표준 모델을 지방자치단체에서 시범 적용하는 것은 많은 경우 곤란을 겪는다. 모델 자체는 완벽하지만, 모델을 지원하는 데이터 확보가 쉽지 않기 때문이다. 공공분야에서 빅데이터 적용 범위는 CCTV 설치 입지 분석, 무인 민원발급기 위치 분석, 유동인구 및 교통 분석, 국민신문고 분석, 시내버스 노선 결정, 도서관 인기 대출 도서 분석, SNS 이슈 분석, 어린이 교통사고 예방 분석, 관광지 신용카드 지출액 분석, 구인·구직 맞춤형 일자리 매칭 등 매우 다양하다. 빅데이터는 공공분야에 적용하여 매우 유용한 결과를 얻을수 있다. 그러나 이를 위한 데이터 제공 방안이 마련되어야 한다.

#3 기업 및 공공기관에서는 빅데이터 추진 열풍이 불고 있다. 그러나 빅데이터를 추진하기 위해서는 분석 모델, 원천 데이터, 빅데이터 인프라 등이 요구된다. 이러한 요건을 갖춰서 단일 기업 및 기관이 빅데이터 사업을 추진할 때는 충분한 예산과 기간이 필요하다. 이러한 공통된 문제점을 해결할 수 있는 방법은 없을까? NIA 지능데이터본부에서 추진하는 '빅데이터 플랫폼 및 센터 사업'은 바로 이러한 문제를 해결하기 위한 것이다. 이는 금융·통신·유통·중소

기업 · 교통 · 헬스케어 · 문화 · 지역경제 · 산림 · 환경 · 농식품 · 해양수산 · 소방안전 · 스마트치안 · 라이프로그 · 디지털산업혁신의 16개 분야에 대한 빅데이터 플랫폼을 제공하고, 관련 분야의 데이터까지 제공을 한다. 이제 플랫폼을 오픈한 지 얼마 되지 않았지만, 빅데이터 전문가들은 이 플랫폼에 큰 기대를 걸고 있다.

정부는 2019년 후반부터 디지털 거버넌스 정책을 발표했다. 그중에서 '데이터 경제 3법'은 개인정보보호법 · 정보통신망법 · 신용정보법 개정안을 통해 중복 규제를 방지하고 정보 활용의 폭을 넓히기 위한 것이다. 그중에서도 데이터 활용 체계를 기관 중심에서 정부 주체 중심으로 전환하는 것이다. 즉, 개인이 자신의 정보를 스스로 통제 · 관리하며, 해당 정보들이 본인의 의사에 맞춰 활용될 수 있도록 개인의 정보 주권을 보장하는 것이다.

디지털 뉴딜은 31개 사업을 통해 산업의 혁신을 견인하고 국가 경쟁력을 확보하기 위한 정책이다. 데이터 기반 행정이란 공공기관이 데이터를 가공 · 분석하여 정책 수립 및 의사결정에 활용함으로써, 객관적이고 과학적으로 행정을 수행하는 것이다. 국민이 원하는 정보를 찾기 위해 정부 사이트에서 일일이 찾아야 하는 문제를 해결하기 위한 플랫폼인 디지털 집현전은 누구나 국가가 보유한 지식 정보를 하나의 채널에서 통합 검색하고 활용할 수 있게 된다. 디지털 정부 혁신은 국민과 최종 이용자 관점에서 서비스를 혁신하는 방안이다.

데이터 경제 3법 시행 1년, 앞으로 과제는?

'데이터 경제 3법'은 개인정보보호법 · 정보통신망법 · 신용정보법 개정안을 일컫는다. 2019년 12월 통과된 이 3법 개정안은 개인정보보호에 관한 법이 소관 부처별로 나뉘어 있어 발생하는 중복 규제를 없애고, 개인과 기업이 정보를 활용할 수 있는 폭을 넓혀주기 위함이다.

데이터 기반 분석 시대에서 빅데이터를 적용하기 위해서는 조직의 내 · 외부 데이터를 다양하게 활용해야 한다. 따라서 데이터 경제 3법은 추가 정보의 결합 없이는 개인을 식별할 수 없도록 가명정보의 개념을 적용한다. 정부기관 및 기업은 이를 통해 개인정보를 활용한 서비스, 기술, 제품 등의 개발이 가능하다. 이는 2018년부터 적용된 EU의 '개인정보보호 규정GDPR, General Data Protection Regulation'에 대응하기 위해 제정되었다. 데이터 경제 3법의 내용을 살펴보자.

● 개인정보보호법 개정안 - 개인정보 관련 개념을 개인정보, 가명정

보, 익명정보로 구분한 후 가명정보를 통계 작성 연구, 공익적 기록 보존 목적으로 처리할 수 있도록 허용한다.

● 정보통신망법 개정안 – 정보통신망법에 규정된 개인정보보호 관련 사항을 개인정보보호법으로 이관하며, 온라인상 개인정보보호 관련 규제 및 감독 주체를 방송통신위원회에서 개인정보보호위원회로 변경하는 것을 골자로 한다.

● 신용정보보호법 개정안 – 가명정보는 통계 작성, 연구, 공익적 기록 보존 등을 위해 신용정보 주체의 동의 없이도 이용·제공할 수 있다.

'데이터 경제 3법'이 시행된 지 1년이 지난 현재, 가명정보 제도는 확실히 자리를 잡아가고 있다. 정부 발표에 따르면 지난 1년여 동안 105건의 가명정보 결합 신청 중 66건이 완료되는 성과를 거둔 것으로 집계됐다. 초기에는 금융 분야 중심으로 진행됐으나 최근 보건의료, 행정 분야 등으로 확산되는 등 분야도 다변화되는 추세다.

예를 들어, 최근 국립암센터에서는 암 질병 치료 효과를 분석했는데, 그 결과는 다음과 같다. 5년 이상 생존한 폐암 환자의 22.2%가 암 이외의 원인으로 사망했고, 그중 심뇌혈관질환이 24.8%를 차지하는 것으로 확인됐다. 이를 통해 폐암 환자의 만성질환 발생 및 사망 인과관계를 확인해 생애 주기 전반에 걸친 위험 요인 파악 및 예측 모델을 개발한다고 국립암센터는 밝혔다.

정부는 가명정보 제도 도입 1년간의 성과를 바탕으로 '현장 의견을 반영한 규제 혁신'과 '어디서나 활용 가능한 맞춤형 지원'을 통해 '안전하고 편리한 가명정보 제도 확산'을 본격적으로 추진한다고 밝혔다. 주요 추진과제로는 결합·반출에 한정되었던 전문기관의 기능을 사전 가명 처리, 컨설팅, 분석 등 결합의 전 단계로 확대하는 한편, 인력·재정 요건 완화와 사전 컨설팅 확대, 결합전문기관–데이터전문기관 간 지정 절차 간소화 등을 추진한다. 또한 가명처리·결합 주요 단계별로 상세 체크리스트를 개발·보급하고, 제3자 제공 시 개인정보보호 수준에 대한 확인 절차를 구체화하기로 했다. 거기에 더해 결합률 사전확인, 추출 결합, 모의 결합 등 탄력적인 결합 절차를 통해 효율성·안전성 제고와 비용 경감을 도모하며, 반복적·주기적 결합은 반출심사위원회 심의절차를 면제하는 등 절차를 간소화한다.

가명처리 목적에 필요한 기간 정보처리자가 설정이 지나면 가명정보를 지체 없이 파기하고, 관련 기록은 파기 후 3년 이상 보관하도록 의무화하고, 가명정보 국외 이전은 개인정보와 동일한 규정을 적용해 국외 이전으로 인한 정보 주체 권리침해를 예방하고, 해석상 혼란이 있었던 가명정보 특례 적용 범위도 명확하게 정비한다.

지역 중소기업·기관 등에 가명정보 활용을 일괄 지원하는 '가명정보 활용지원센터'를 강원 원주에 구축하고 다른 지역으로 확대하며, 가명·익명처리 테스트베드^{test bed}는 기능을 확대하고 지역 활용지원센터와 연계해 서비스 표준화, 교육 · 컨설팅 운영 등 지역별 지원 거점에 대한 지원 역할을 수행하도록 한다.

'수요기관-보유기관-결합전문기관' 연계를 지원하는 매칭 지원 시스템을 시작_{2021년 11월 개발 예정}으로 가명정보 활용을 원스톱 지원하고 참가기관의 소통 · 협업이 가능한 온라인 시스템을 구축_{2022년 예정}한다. 가명처리 및 적정성 검토, 반출심사 등을 수행할 수 있는 전문 인재를 양성_{연 600명}하고, 가명 · 익명처리 경험 · 실무 지식 등을 밀착 지원하는 맞춤형 컨설팅_{연 50회 이상}을 제공한다.

소규모 스타트업의 데이터 활용 격차 완화 및 가명정보 결합 · 활용 활성화를 위해 데이터 결합 및 구매 비용_{바우처} 지원을 확대하고, 가명 처리, 결합 우수 사례를 발굴해 대국민 인식 · 활용도 제고 및 저변 확대를 지원한다.*

내 '데이터'는 '내'가 관리한다

2020년 8월부터 적용이 가능해진 마이데이터는 데이터 활용 체계를

---

* 의학신문(www.bosa.co.kr) 참고

기관 중심에서 정부 중심으로 전환하는 것이다. 즉 개인이 자신의 정보를 스스로 통제·관리하며, 해당 정보들이 본인의 의사에 맞춰 활용될 수 있도록 개인의 정보 주권을 보장하는 것이다. 다시 말해 은행 계좌, 신용카드 이용 내역, 이동통신 사용 내역 등의 주인이 금융기관이나 통신회사가 아니라 개인으로 정의하는 개념이다. 이는 미국, 영국 등 데이터 산업 선진국에서는 이미 시행되고 있다.

또한 금융기관 및 통신사 등에 수집된 개인정보를 다른 기업 및 기관 등이 사용하도록 지원하는 서비스를 '마이데이터 산업' 또는 '본인 신용정보관리업'이라고 한다. 개인은 마이데이터를 통해 기업 및 기관에 산재한 자신의 정보를 확인할 수 있고, 개인정보를 기관 및 기업에 제공하면 이를 기반으로 맞춤 상품이나 서비스를 추천받을 수 있으며, 개인의 재무 현황 분석, 소비 행태 조언 등이 가능하다. 마이데이터의 발전 단계는 5단계로 나뉜다.

0단계: 정보 주체가 자신의 정보를 열람하는 조회 단계

1단계: 자신의 데이터를 내려받아 저장하는 단계

2단계: 한 기관에서 다른 기관으로 내 데이터를 전송하도록 요구하는 단계

3단계: 내 데이터를 한곳으로 모아 맞춤형 서비스를 제공받는 단계

4단계: 모든 분야에서 데이터를 활용하는 단계

마이데이터 개념도

기관　　　　정보주체　　　　서비스사업자　　　　　　혜택

기관 보유 데이터　　정보 주체
　　　　　　　　　다운로드

　　　　　　　　　　　　스마트폰　　개인데이터 분석　　　실시간 건강관리

　　　　　　　　　　　　제3자 제공　　　　　　　　　　　안정적 재테크

자료: 과학기술정보통신부 보도자료

　　국내에서는 금융을 시작으로 의료, 공공, 통신 등 전 산업 분야로 마이데이터 산업이 확장될 예정이다. 현재, 금융 분야 마이데이터가 3단계 수준에 해당하고, 공공·통신 분야가 1.5단계, 의료 분야가 1단계 수준으로 평가되고 있다.

　　정부는 공공 마이데이터 유통을 활성화하겠다고 밝혔지만, '공공부문 마이데이터 유통 체계 구축 사업 계획안'은 행정 정보를 본인에 관한 증명서류 또는 구비서류 등으로 제한했다. 따라서 납세정보, 의료정보, 가족정보 등 다양한 정보 활용의 길을 닫았다.

　　마이데이터는 기존 '은행 간 경쟁'이었던 오픈뱅킹과 달리 '플랫폼 간 경쟁'으로 전환될 전망이다. 대형 플랫폼 위주로 금융이 재편되면 기존 금융사는 플랫폼에 상품을 공급하는 하도급 업체가 될 수도 있다. 고객의 입장에서는 은행 계좌 잔액과 대출 잔액, 카드 결제액, 가입해둔 보험 상품,

276 •

주식 투자액 등 본인의 모든 금융정보를 한곳에서 실시간으로 확인할 수 있기 때문에 편리하고, 체계적인 관리가 가능해진다. 최근에는 부동산과 자동차 등 실물 자산도 추가됐다. 향후에는 암호화폐, 한정판 운동화, 미술품, 금, 은까지 모든 자산으로 확대될 전망이다. 마이데이터를 통한 다양한 서비스를 알아보자.

- 뱅크 샐러드 – 추천한 카드를 썼을 때 현재 지니고 있는 카드보다 한 해 동안 얼마나 포인트를 더 쌓을 수 있는지 보여준다. 국민건강보험공단으로부터 받은 건강검진 데이터와 병원비 지출 내역을 통해 보험 상품을 추천해 준다. 한 해 동안의 신용·체크카드 사용액이 소득공제 최저 기준_{연 소득의 25%}을 만족하는지 보여준다. 최저 기준을 넘겼다면 얼마나 공제받을 수 있는지도 확인이 가능하다.

- 네이버 앱 – 신용점수를 높일 수 있도록 분석 리포트를 제공하는데, 같은 나이대에 비해 신용점수가 얼마나 높은지, 카드 소비액은 얼마나 많은 편인지, 대출액은 어느 정도인지 비교를 해서 보여준다. 신용점수가 900점에서 800점으로 낮아졌다면, 대출 잔액이 많다는 식으로 미흡한 부분이 무엇인지도 알려준다.

- KB 마이머니 – KB시세를 통해 원하는 집의 시세를 보여주고, 대출과 금융자산을 고려해 매월 얼마씩은 돈을 모아야 집을 살 수 있는

지 보여준다. 또한, 은퇴 나이와 사망 연령을 입력하면 금융자산과 국민연금, 개인형 퇴직연금IRP까지 더해 은퇴 이후 얼마나 연금을 받을 수 있는지도 확인이 가능하다.

● 네이버 파이낸셜 – 차량 번호를 입력하면 소유한 차량의 중고차 시세를 자산 내역으로 보여준다. 자동차 검사까지 남은 기간, 유가 시세와 주변 주유소까지 안내하는 등 자동차 유지에 필요한 정보도 확인할 수 있다.

● 미래에셋대우 – 소비 품목 및 소비 습관 등으로 투자성향을 파악하고, 고객이 손절매하지 않을 펀드 및 종목을 추천한다.

● 농협중앙회 – 농산물 유통 정보 연계를 통해 작물 추천 및 농가 수입을 전망한다.

데이터로 만드는 신뢰 높은 행정 서비스

2020년 12월부터 '데이터 기반 행정 활성화에 관한 법률'이 시행됐다. 데이터 기반 행정이란 공공기관이 데이터 가공·분석을 통하여 정책 수립 및 의사결정에 활용함으로써, 객관적이고 과학적으로 행정을 수행하는 것을 말한다. 이는 그간에 정부기관의 기관장 등 의사결정 계층이 결재 과정

데이터 기반 행정의 사례
행정안전부의 사무관이 112 신고 데이터, 범죄 통계 데이터, 유동 인구, 신용카드 매출 데이터 등을 결합·분석하여 범죄 위험도를 예측하며 한정된 치안 자원(경찰 인력, 순찰차)을 적재적소에 배치하여 범죄 발생 감소에 기여하는 것과 같은 업무이다.
○○시에서 주점을 운영하는 A씨는 최근 들어 골칫거리가 많이 줄었다. 그간 자주 있었던 폭행·파손 사건이 대폭 감소했기 때문이다. ○○경찰서는 이 지역 유동 인구, 유흥주점 수 등의 데이터를 분석한 결과를 바탕으로 '범죄 발생 예측 시스템'을 구축하였다. 이를 활용하여 범죄 예상 지역에 경찰관·순찰차를 집중 배치하였고, 범죄 발생 감소 효과를 톡톡히 보고 있다.
○○군에 거주하는 B씨는 예전보다 20분 늦게 출근을 한다. 버스 환승 횟수 감소 등으로 이동 시간을 대폭 단축시킨 '버스 노선 개편' 덕분이다. ○○군은 긴 이동 시간, 잦은 환승 등 비효율적인 버스 노선을 개선하고자 버스 승·하차 데이터를 분석하여 최적의 버스 경로를 도출하였다. 이를 통해 버스 노선 개편을 추진하였고, 많은 군민들에게 혜택이 돌아갔다.

에서 주관적인 판단을 함으로써, 이에 따른 행정 오류를 제거하기 위해 데이터 분석을 기반으로 객관적인 의사결정을 하는 제도이다. 이를 위해서 공공기관 간 데이터 요청 시 제공 의무화, '데이터 분석 센터'와 '정부 통합 데이터 분석 센터' 설치, 데이터 통합 관리 플랫폼 구축 등이 추진된다. 사실 이러한 제도는 세계 최대 전자 기업을 보유한 국내 S그룹에서 십여 년 전에 시도한 바가 있었다. 그러나 데이터 기반 분석을 통한 보고서를 작성하는 데 부담을 느낀 직원들이 보고서 작성을 기피하는 경향이 발생했다고 한다. 따라서 데이터 기반 행정은 제도의 보급에 앞서, 조직원의 데이터 활용 역량을 강화하는 것이 급선무이다.

정부는 이 법률을 뒷받침하기 위해서 '제1차 데이터 기반 행정 활성화 기본 계획'을 추진한다. 이는 데이터 기반 과학적 행정을 통한 지능형 정부

데이터 기반 행정 활성화를 위한 4대 추진 전략 및 세부 추진과제

추진 전략	데이터 통합 관리 기반 구축으로 데이터 공동 활용	데이터 기반 행정 활성화를 위한 제도 확립	지능형 서비스 제공을 위한 데이터 분석·지원	데이터 기반의 일하는 방식으로 혁신
세부 추진 과제	① 기관 보유 데이터·구매 민간 데이터를 범정부 공동 활용하는 관리체계 마련 ② 정부 내 데이터 공동 활용 지원을 위해 데이터 통합 관리 플랫폼 구축 ③ 분야별 플랫폼 구축·연계 및 인공지능 학습용 데이터(자율주행용 영상 데이터 등) 구축	④ 데이터 공동 활용을 제한하는 장애 요소 및 법적 제약 사항 발굴·개선 ⑤ 데이터 기반 행정 성과 관리 지표(데이터 등록·활용 등) 개발 및 평가 체계 마련 ⑥ 데이터 기반 행정 정착을 위한 행정절차 개선	⑦ 국민 체감 과제(복지·고용·안전 등) 및 국제 협업 과제(재난·기후 등) 분석·지원 ⑧ 민원인의 온라인 서비스 이용 단계별 대기 시간, 사용 메뉴 등 데이터 분석·지원 ⑨ 범정부 중장기 긴급 정책 과제 분석 지원 ⑩ 영상, 사진, 텍스트 등 비정형 데이터 분석 기반 마련·제공	⑪ 정책의 수립·집행·평가 전 과정에 데이터 기반 행정 접목을 강화 ⑫ 정부기관 내 데이터 기반 행정 역량 강화 ⑬ 데이터 기반 문제 해결 우수 사례 발굴·공유

서비스 제공을 위해 향후 3년간^{2021~2023년}의 범정부 추진 전략과 정책 방향을 담은 계획으로, 4대 추진 전략 및 세부 추진과제를 포함한다.

2024년부터 서비스되는 디지털 집현전은 국민이 원하는 정보를 찾기 위해 정부 사이트를 뒤져야 하는 문제를 해결하기 위한 아이디어다. 디지털 집현전이 구축되면 누구나 국가가 보유한 지식 정보를 하나의 플랫폼에서 통합 검색하고 활용할 수 있게 된다. 디지털 집현전은 지식 정보 접근 및 지식 공유·확산이 가능하도록 온라인 통합 플랫폼을 구축하여 분산된 지식 정보^{정책, 동향,} ^{보고서, 논문, 신문, 도서, 문화정보, 역사, 기록물, 법률} 및 교육 콘텐츠^{교육 강좌, 교보재, 체험 콘} ^{텐츠, 평가 문항} 정보를 연계하여 통합 검색·활용 서비스를 제공한다. 유사한

디지털 집현전 서비스 구성도

자료: 4차산업혁명위원회

개념으로 유럽의 유로피아나^{Europeana}는 디지털 도서관 구축의 일환으로 추진된 유럽연합 내 도서관, 박물관, 기록관의 디지털 문화자원을 제공하는 공개 포털이다. 유럽연합 내 33개국을 대상으로 EU 문화단체에서 제공하는 디지털 문화자원^{디지털 도서, 그림, 음악, 영화, 기록물}을 온라인으로 제공하고 있다. 또한, 구글의 '아츠 앤 컬처^{Arts & Culture}'는 박물관과 문화기관의 명화, 예술 작품을 장소와 시간에 관계없이 온라인에서 고해상도로 감상할 수 있는 서비스이며, 80개국을 대상으로 검색 기능과 함께 작품 확대·축소, 360도 뷰, 작품 인식기 및 번역 등 다양한 문화체험 서비스를 제공하고 있다.

디지털 개혁을 이끌어나가는 정부

2016년 다보스 포럼WEF, World Economic Forum 의장인 클라우스 슈밥 Klaus Schwab은 향후 세계가 직면할 화두로 4차 산업혁명을 제시하였다. 정부는 2017년 10월 '4차산업혁명위원회'를 출범시켰다. 그러나 어찌 된 일인지 4차 산업혁명에 대한 정부의 역할은 이렇다 할 성과가 없었다. 그동안 정부가 요란하게 4차 산업혁명을 부르짖었던 행태에 비하면 큰 진전이 없어 디지털 관련 종사자들은 의아하게 생각하였다.

2018년부터 금융권을 중심으로 디지털 전략을 수립하였으며 디지털 전환에 대한 변화가 시작되었다. 그동안 ZARA, BBVA, 아마존, 구글 등 해외 기업의 디지털 전환 성공 사례는 꾸준히 들려왔고, 국내 기업 및 공공기관은 초조한 마음으로 정부의 디지털 정책의 표방을 기다려 왔다. 그러던 중 정부는 2019년 후반에 들어서 디지털 관련 정책을 펼치기 시작했다. 데이터 경제 3법, 마이데이터, 디지털 뉴딜, 데이터 기반 행정 활성화에 관한 법률, 디지털 집현전 등이 그것이다. 우리는 정부의 디지털 거버넌스 정책을 면밀히 살펴보고 이를 충분히 활용한다면 바람직한 성과를 얻을 수 있을 것이다.

정부는 2020년 7월 한국판 뉴딜 국민보고대회를 통해 '한국판 뉴딜 종합 계획'을 발표했다. 디지털 뉴딜은 그린 뉴딜과 함께 한국판 뉴딜의 한 축을 담당하고 있는 분야이다. 디지털 뉴딜은 2022년까지 총 23조 4,000억

디지털 뉴딜 31개 대표 사업

4대 분야	12대 과제	대표 사업
DNA 생태계 강화	국민 생활과 밀접한 분야 데이터 구축·개방·활용	①데이터 댐 ②공공 데이터 개방·활용 활성화 ③디지털 집현전
	1·2·3차 전 산업으로 5G·AI 융합 확산	④문화유산 실감체험 및 XR 플래그십 프로젝트 ⑤자율주행차량, 자율운항선박 ⑥스마트 팩토리 ⑦스마트 건설 ⑧비대면 디지털 기업 육성 및 스마트 대한민국 펀드
	5G·AI 기반 지능형 정부	⑨모바일 신분증 ⑩국민비서
	K-사이버 방역 체계 구축	⑪양자 암호통신 인프라 ⑫ICT 중소기업 보안 강화 및 시스템(SW) 안전 진단
교육 인프라 디지털 전환	모든 초·중·고에 디지털 기반 교육 인프라 조성	⑬K-에듀 통합 플랫폼 구축
	전국 대학·직업훈련 기관 온라인 교육 강화	⑭K-MOOC 활성화 ⑮공공 스마트 직업훈련 플랫폼
비대면 산업 육성	스마트의료 및 돌봄 인프라 구축	⑯스마트 병원 ⑰닥터 앤서 2.0 ⑱모바일 건강지킴이
	중소기업 원격근무 확산	⑲중소기업 비대면 전환 ⑳공동 화상 회의실
	소상공인 온라인 비즈니스 지원	㉑소상공인 맞춤형 온라인 판로 지원 ㉒스마트 상점·공방
SOC 디지털화	4대 분야 핵심 인프라 디지털 관리 체계 구축	㉓국민 안전 스마트 인프라 ㉔디지털 트윈 ㉕스마트 재해위험 알리미
	도시·산단의 공간 디지털 혁신	㉖스마트시티 ㉗스마트 산단
	스마트 물류 체계 구축	㉘스마트 육상 물류 ㉙스마트 해운 물류 ㉚농·축산물 유통 플랫폼
디지털 격차 해소		㉛디지털 배움터

원, 2025년까지 58조 2,000억 원을 투자하여 2022년까지 39만 개, 2025년까지 90만 3,000개의 일자리를 창출하고 디지털 대전환을 선도한다. 이러한 디지털 전환은 데이터, 네트워크, 인공지능D.N.A 등 디지털 신기술을 바탕으로 산업의 혁신을 견인하고, 국가 경쟁력을 확보하고자 하는 것이다. 디지털 뉴딜은 31개 대표 사업으로 구성된다.

OECD 디지털 정부 평가 종합 1위 대한민국

정부는 2019년 10월 '디지털 정부 혁신 추진계획'을 발표한 바 있다. 이는 그간 전자정부를 성공적으로 이루어낸 결과에 힘입어 디지털 정부를 향한 국가의 의지를 보여주는 것이었다. 기존의 국가 정보화가 서비스 측면에서 국민과 최종 이용자 관점의 혁신이 미흡했고, 데이터 측면에서 기관별로 축적·보유한 데이터의 연계와 활용이 부족했으며, 시스템 측면에서 디지털 신기술의 적기 도입과 활용이 곤란했고, 거버넌스 측면에서 디지털 전환을 위한 부처 간 협업 등 추진 체계가 취약했음을 진단하고 이를 개선하기 위한 것이었다. 디지털 정부 혁신 추진 원칙은 최종 이용자 관점에서 공공서비스 수준 향상을 목표로 했다. 또한 혁신 친화적인 방식으로 국민과 함께 하는 것이었다. 이를 위한 우선 추진과제는 ① 선제적·통합적 대국민 서비스 혁신 ② 공공부문 마이데이터 활성화 ③ 시민 참여를 위한 플랫폼 고도화 ④ 현장 중심 협업을 지원하는 스마트 업무 환경 구현 ⑤ 클라우드와 디지털 서비스 이용 활성화 ⑥ 개방형 데이터 · 서비스 생태계 구축으로 요약된다.

대국민 서비스 혁신의 대표적인 과제는 생애 주기 서비스로 출산 · 결혼 · 사망 등 생애 주기상 주요 이벤트와 관련된 서비스를 한번에 안내받고 신청할 수 있는 '원스톱 패키지 확대'이다. 그리고 공공부문 마이데이터 활성화로는 자기정보 활용, 자기정보 다운로드, 전자 증명서, 모바일 신분증, 디지털 고지 · 수납이 있다.

우리 정부는 최근 들어 디지털 정부를 향한 도전적인 열정을 보인다. 디지털 정부 추진과 관련된 몇 가지 특징을 살펴보자.

- 디지털 정부 혁신 추진계획2019년 10월과 디지털 뉴딜2020년 7월 등의 정책이 중복되는 경향이 있다. 또한 행정안전부가 추진하는 정책과 '관계 부처 합동'으로 추진하는 정책에 혼선을 가져온다. 즉 디지털 정부 추진의 컨트롤 타워control tower가 명확하지 않다. 호주나 싱가포르와 같이 디지털 정부를 관장하는 부처를 신설하고 장관을 임명하는 것이 바람직하다.
- 디지털 정부를 추진하는 호주, 싱가포르 및 OECD 지원을 받는 남

생애주기 패키지 분야 서비스(예시)

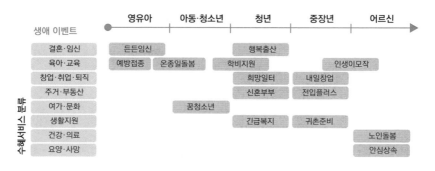

자료: 디지털 정부 혁신 추진계획

미 국가들은 디지털 정부의 과제가 국민 편의, 기업 편익, 정부기관의 생산성을 목표로 한다. 반면에 우리나라는 국민 편의를 위한 서비스와 국가 및 산업의 디지털 인프라 구축만을 강조한다. 우리나라도 기업의 편익과 정부기관의 생산성을 고려하는 정책이 필요하다.

● 우리 정부의 디지털 정책 키워드가 4차 산업혁명으로부터 디지털 전환으로 변화한 점은 바람직하다고 하겠다. 우리 정부는 다른 국가보다 추진과제가 다양하고 양적으로도 많은 편이다. 하지만 정부 정책별로 중복되는 과제가 염려된다. 디지털 정부 혁신 추진계획과 디지털 뉴딜 등으로 다원화된 계획을 수립하기보다는 다른 국가들처럼 디지털 정부 전략digital government strategy으로 통합하고 연도별 롤링 플랜rolling plan을 업데이트하는 것이 바람직하리라 판단한다.

전자정부 개념을 뒤로한 채 디지털 정부를 지향하는 것은 당연하다. 이는 메가트렌드이다. 결론적으로 디지털 정부를 주도할 국가 디지털 부처 신설과 중장기적인 디지털 정부 전략으로 컨트롤 타워를 만들고 방향성을 일원화하는 것이 필요하다. 백화점식으로 나열하는 즉흥적인 계획을 벗어나 철학적인 관점에서 접근하여 큰 줄기로부터 뻗어나가는 전개가 필요한 시점이다.

참고 자료

도서

ㄱ

· 권병일 저, 《디지털 트랜스포메이션》, 도서출판청람(이수영), 2018.
  02.01.

· 권병일 저, 《디지털 트렌드 2021》, 책들의정원(김동하), 2020.10.31.

· 김수진 저, 《디지털금융의 이해와 활용》, 한국금융연수원, 2021.3.1.

ㄴ

· 닐스티븐스 저, 《스노우 크래시》, 1992

ㅁ

· 필립 코틀러 저, 《필립 코틀러 마켓 5.0》, 더퀘스트, 2021

ㅂ

· 번트 슈미트 저, 《CRM을 넘어 CEM으로》, 한언, 2004

ㅅ

· 브뷰스 저, 《서양의 미래》, 을유문화사, 1974

ㅋ

· 제프하우스 저, 《크라우드 소싱: 대중의 창조적 에너지가 비즈니스
  의 미래를 바꾼다》, 2008

논문 및 보고서

ㄷ

· 대한조선학회지, 〈디지털트윈기술 선박적용〉, 제57권 제4호
· 관계부처 합동, 〈디지털 정부혁신 추진계획〉, 2019.10.29

ㅅ

· 순천시, 〈순천시 블록체인 적용 시범사업〉, 2020.6

ㅇ

· 인천연구원, 〈공유경제 촉진을 위한 기본계획(2020~2024) 수립〉,
  2019

ㅈ

· 정보통신기획평가원 주간기술동향, 〈인공감성지능 기술 동향 및 산
  업 분야별 적용 사례〉, 2020.3.4.
· 전북대학교 동남아연구소, 〈동남아 슈퍼앱 그랩이 코로나19에 대처
  하는 방식〉, 고연경, JISEAS Issues Paper No.3
· 정보통신기획평가원 주간기술동향, 〈지능정보연계 기반 스마트 플

랜트 기술 동향〉, 2020.3.4.

· 정보통신기획평가원 주간기술동향, 〈디지털 조선소 지능화 플랫폼〉,

2021.3.24

· 정보통신기획평가원 주간기술동향, 〈글로벌 스마트시티 구축 동향〉,

2021.5.26

E

· ETRI 전자통신동향분석, 〈스마트 도시 실현을 위한 디지털 트윈 기

술 동향〉, 2021.2

I

· BK투자증권, 〈디지털트윈, 스마트시티로 가는 길〉, 2020.10.27

· IDG, 〈2021 IT 전망보고서〉

K

· KB지식비타민, 〈공유경제의 확산에 따른 기업의 대응과 최근 주요

논란〉, 2017.8.28

· KB지식비타민, 〈기본에 바탕을 둔 레고의 혁신〉, 2018.4.11.

· KB지식비타민, 〈디지털 금융 혁신의 중심, BBVA〉, 201.11.22

· KB지식비타민, 〈디지털로 사람을 치료한다: 디지털 테라퓨틱스〉, 2019.12.30

· KB지식비타민, 〈미래를 이끌 기술, 디지털 트윈의 진화와 적용 사례〉, 2019.4.29

· KT경제연구소, 〈세상 모든 새로움의 시작, 5G 당신의 산업을 바꿉니다〉, 2019

· KB지식비타민, 〈인공지능의 윤리적 이슈와 금융업 관련 고려사항〉, 2017.3.13.

· KB지식비타민, 〈1차산업에서 4차산업으로 진화하는 농업, 스마트팜〉, 2019.8.14

· KB지식비타민, 〈4차 산업혁명 시대, 기업의 직원 리스킬링과 업스킬링 전략〉, 2020.09.16

· KB지식비타민, 〈5G 이동통신이 바꾸는 세상〉, 2019.6.3.

· KOTRA 글로벌 시장 보고서, 〈미국 구독경제 시장현황과 활용방안〉, 2020

웹사이트

ㄴ

· 논펀지블닷컴(https://www.nonfungible.com)

ㄷ

· 대한민국 정책 브리핑(https://www.korea.kr/main.do)

· 대한민국 대전환 한국판뉴딜(https://www.knewdeal.go.kr/)

ㅅ

· 쓱닷컴(https://www.ssg.com)

ㅋ

· 쿼키닷컴(https://www.quirky.com)

ㅌ

· 트윔(https://www.twim21.com)

F

· futuristspeaker(https://futuristspeaker.com/)

Y

· YewBiz(https://www.yewbiz.com)

기사

ㄱ

- 곽창렬, 'AI면접 최고 득점자는 왜 인천공항공사 낙방했나', 조선일보, 2020,10,31, https://www.chosun.com/national/weekend/2020/10/31/TGQLTAWAQFEJVNOT33V4C6ZLEU/?utm_source=naver&utm_medium=original&utm_campaign=news
- 최익준, '보험회사 인슈어테크(InsurTech) 활용현황', 금융감독원 보도자료, 2019.5.22
- 김달훈, "'2020년 IoT 엔트포인트 58억 개"… 가트너, IoT 2018-2020 시장 예측', 2019.9.4., https://www.ciokorea.com/news/130210
- 김봉구, '女만 데이트 신청하게 했더니..31살에 억만장자 된 이 여자', 한국경제, 2021.2.12., https://www.hankyung.com/international/article/2021021228037
- 김재황, '사람 손 거치던 물류, 이제 로봇이 한다', 물류신문, 2020. 11.16., http://www.klnews.co.kr/news/articleView.html?idxno=122244
- 김태동, '카톡대화 유출 논란은 어쩌고…이루다 개발사 "인간수준 AI 만들겠다"', 한국경제, 2021.3.18., https://www.hankyung.com/society/article/2021031890867

ㄴ

· 남민우, '살 주식을 AI가 찍어준다, 투자기관들 줄줄이 도입', 조
선일보, 2021.3.5., https://www.chosun.com/economy/mint
/2021/03/05/7OK4OO63D5DANGBNEXS7HVETGA/?utm_
source=naver&utm_medium=referral&utm_campaign=naver-news

· 남민우, 'CBDC 등장때 비트코인 운명은…"디지털 휴지조각"vs"더
널리 쓰일 것"', 조선일보, 2021.3.26., https://www.chosun.com/
economy/mint/2021/03/26/4DBBEXDRIRHDDIST32UDSI46SU/

· 남민우, '넷플릭스 · 골드만삭스 CEO "재택은 무슨… 사무실 복귀
해!"', 조선일보, 2021.3.12., https://www.chosun.com/economy/
mint/2021/03/12/QJREFUGPBJGPRNPWBIES6P7W5E/?utm_
source=naver&utm_medium=referral&utm_campaign=naver-news

ㅂ

· 박영숙, '세계경제포럼에서 내놓은 2025년까지 소멸하는 직업, 부상
하는 직업', Ai넷, 2021.1.30.

. 변태섭, "'디지털정부 평가' 한국 1위, 일본 5위.. OECD 첫 평가 결과',
한국일보, 2020.10.16., https://www.hankookilbo.com/News/Read/
A2020101609280004065?did=NA

· 보도자료, '디지털 뉴딜, 코로나 이후 디지털 대전환을 선도합니다!', 과학기술정보통신부, 2020.7.15., https://www.korea.kr/news/pressReleaseView.do?newsId=156401244

ㅇ

· 유성운, '해체 직전 초고속 역주행, 브레이브걸스 10년 만에 정상', 중앙일보, 2021.03.23., https://www.joongang.co.kr/article/24017944

· 이종혁, 'LG, 연봉 최대 5억 걸고 "AI인재 오라"', 매일경제, 2021.4.14., https://www.mk.co.kr/news/business/view/2021/03/242395/

· 이승준, '넥스트 해리포터를 찾는 인공지능 출판사, 인키트(Inkitt)', 인터비즈, 2018.12.21., https://blog.naver.com/businessinsight/221423933143

· 임수정, "'일하는 방식 선택하는 시대…'집 앞 사무실' 출근한다"', 이코노미조선, 2020.12.3., https://biz.chosun.com/site/data/html_dir/2020/11/26/2020112601635.html?utm_source=naver&utm_medium=original&utm_campaign=biz

ㅈ

· 장재웅, '코로나가 바꾸는 직업… 조직 떠나 '나홀로 노동자' 시대', 동아일보, 2020.8.26., https://www.donga.com/news/article/all/20200825/102648366/1

· 장지웅, '위기의 물류산업 구할 성장동력 '디지털 전환(DX)', 물류신문, 2020.9.1., http://www.klnews.co.kr/news/articleView.html?idxno=121847

ㅎ

· 황정수, "'S급 AI 인재, 지옥에서라도 모셔온다"…기업 총수들 직접 '삼고초려' 영입', 한국경제, 2020.10.18., https://www.hankyung.com/economy/article/2020101812521

. 홍익희, '화폐혁명의 서막… 세계 중앙銀 80% 디지털화폐 개발 중', 주간조선, 2021.4.5. , http://weekly.chosun.com/client/news/viw.asp?nNewsNumb=002652100007&ctcd=C05

M

· Michael Cooney, '가트너가 꼽은 2021년 기술 트렌드 9가지', Network World, 2020.10.21

디지털 트렌드 2022

초판 1쇄 발행 · 2021년 10월 26일

지은이 · 권병일 · 권준환
펴낸이 · 김동하

편집 · 이은솔
펴낸곳 · 책들의정원
출판신고 · 2015년 1월 14일 제2016-000120호
주소 · (03955) 서울시 마포구 방울내로7길 8 반석빌딩 5층
문의 · (070) 7853-8600
팩스 · (02) 6020-8601
이메일 · books-garden1@naver.com
인스타그램 · www.instagram.com/text_addicted

ISBN · 979-11-6416-094-5 (03320)